青山青史
连雅堂传

林文月——著

北京时代华文书局

目录

序   001
    雨墨版序   003
    序   006
一、马兵营   001
二、宜秋山馆   007
三、劫灰零乱   017
四、此事古难全   027
五、吾党吾国   041
六、心声新声   055
七、遍地史迹无人识   067
八、匹马斜阳   083
九、书剑飘零   105
十、名山绝业   131
十一、著述愈勤   165
十二、青山青史各千年   189

序

坡老生心已灰
多情立馬待
山早江頭千樹
似要好咏山下
腰肢不拂馬
平花送佳人
今年筆花

雨墨版序

外祖父去世时，我三岁。在他上海江湾路的寓所，三岁的我，突然有一个早晨，夹杂在一群大人之间，于四周悲戚的气氛下，看见被白布罩盖在里面的外祖父静静躺在他的床上。不再能俯身牵我的手，不再能慈祥地呵护我，不再能疼爱地呼唤我了。

那是我第一次接触死亡的事实和永诀的悲辛。三岁的我当然还是懵懂无知的，却又仿佛有一些记忆至今并未消失。后来在我执笔追记若干片段时，那些遥远的记忆遂即借着文字，在笔端一点一点连缀了起来。

但真正认识外祖父连雅堂先生，是在我成长以后。多少次听母亲连夏甸女士追叙往事，又从一些外祖父遗留下来的著述文字中去印证那些母亲口述的事实，许多事情乃恍然贯穿了起来。

十七年前，为了撰写"先贤先烈传记丛刊"中的一册《青山青史——连雅堂传》，我才真正有系统地全面阅读外祖父所有的文章和诗篇，又仔细翻查他人记述有关外祖父其人其事的文字。同时，我又恳请当时已经年迈的母亲为我再度仔细追忆她和外祖父母生活的往事。多少的黄昏，我们母女竟因而沉湎陶醉于那些已然逝去的岁月的记忆之中。

我的舅舅连震东先生也给我许多不为人知的可贵资料，若非与舅舅一夕长谈，我不可能单凭文字的记述获知外祖父曾被"台湾鸦片烟特许问题"所困扰的真相。我的姨母连秋汉女士陪伴外祖父母的晚年生活最长。是姨母的娓娓叙述，使《台湾通史》刊行以后的雅堂先生不至于变成只是一本书接着一本书的撰著者，而能够使我摩描出他晚年生活的一些家居情趣与心境。

我也曾访问过史学家杨云萍教授与文学家黄得时教授。两位前辈学者在他们年少时，都与外祖父有过知识学问方面的接触。从他们的口述片段往事，我约略掌握到家庭生活之外的连雅堂先生的人格风范。

在资料已整理妥当，准备动笔之前，我亲自去台南，流连徘徊于宁南马兵营的故址。虽然马兵营早已不存在了，眼前只见炎阳下现代化的建筑物与水泥路，但是探访过后，似乎才更坚定了我撰写《青山青史》的信心。

连雅堂先生是一代台湾耆儒。他是一位史学家、文学家，也是一位以爱国保种为己任的热血男儿。他的巨著《台湾通史》和许许多多的诗文篇章，是大家有目共睹的成就；他反清抗日，护卫中华文化与台湾古迹语文的行为，也是众所周知的事实。然而，这些都是作为一个社会人士而为一般人所认识的一面而已；事实上，在五十九年的人际关系中，他曾经为人子，为人之夫，是父亲，是祖父，也是许多人的朋友与老师；更是一位十分尽职的报人。在他的生活中，也曾像普通人一样，有过种种的喜怒哀乐和爱恶矛盾等诸种人性的长处与短处。而这些琐碎的日常生活，恐怕是许多人所不认识的连雅堂先生可敬可爱的另一面。

我幸为雅堂先生的外孙女，得有机缘搜集有关他为外人所不知的第一手资料。如此，庶几令我在撰写雅堂先生的传记时，稍能避免过于平板偶像化，而比较能塑造出一位鲜活有血有肉的人物来。不过历来为亲人撰写传记，则又怕会流于过度主观，故而在行文之际每多引用外祖父的诗文，希望借由他自己的文字，来引证我传文的叙述。

一九七七年完稿时，正值连雅堂先生的百岁冥诞年。我撰成此书，以志怀念与敬意。而岁月忽忽，又已过了十七年。当时给我精神上及实际上鼓励与支持的母亲、姨母和舅舅都已先后作古了。重读著作，修正并校补既罢，灯前书写此版的序文，我心中实充满感慨与更深的怀念。但愿我的诚意与努力能不辱先人，则或可稍自宽慰了。毕竟，此刻的我是不容易完全超然客观的。

林文月　谨记
一九九四年七月

序

西湖四月，清明节才过，虽然丽日当头，风中犹有一些寒意，而桃花绽放，柳枝吐新芽，我们四姊妹和表弟夫妇来此追念先祖。

几近一世纪前，我的外祖父连雅堂先生暂游此地，写下一封家书寄与外祖母，并附系一首七言绝句：

一春旧梦散如烟，三月桃花扑酒船。
他日移家湖上住，青山青史各千年。

那年，一九一二年，正值民国初建，外祖父三十五岁。

连氏自雅堂先生七世祖兴位公，即因反清而渡海来台。民国虽建立，清廷已灭亡，但台湾却沦陷为日本殖民地。外祖父十八岁之年亲身经历异族统治之痛，遂发愿撰著《台湾通史》，以为保存历史之真相。诗中所称"青史"便是指他心中抱定必要完成的这个志愿。三月西湖，桃花扑船，春梦如烟。三十五岁青年时期的外祖父游历此地，必然陶醉折服于眼前的良辰美景，但他心中另有一种与众人不同的抱负。那坚定的抱负，他视为责任使命。十年惨淡经营，孜孜矻矻，凡有关台湾的史事、制度、人物、山川，乃至于草木虫介，靡不详密细究为之记述。

外祖父第二次访西湖是在十四年后,民国十五年(一九二六),他四十九岁之时。当时《台湾通史》上、中、下三册已经次第撰成并刊行。他和外祖母沈筱云女士再游西湖,寄住于西湖北岸山坡上的玛瑙山庄。时值暑假期间,在日本庆应大学专攻经济科的独子震东先生,也从东京抵杭省亲。他们三人优游于六桥、三竺之间,既赏美景,且享天伦之乐。即使在优游期间,外祖父仍阅读、作诗、编书。他重要的诗集之一《宁南诗草》,便是在玛瑙山庄编纂成集,写出自序的。夏天过去,舅舅回日本继续学业;而外祖父和外祖母则因为军阀事起,大陆不安,不久也返归台湾。"移家湖上住"之愿望几乎达成,却没有实现。

舅舅学成归乡之后,外祖父认为"欲求台湾之解放,须先建设祖国",所以又一次忍亲子别离之情,修成一函令他带去会见故交张溥泉先生。那信里字字珠玑,句句感人。其中有句:"弟仅此子,雅不欲其永居异域,长为化外之人,是以托诸左右。"大义凛然,爱国情操跃然纸上。

至于外祖父自己则继续与外祖母留居台湾,从事台湾文化的保存与整理工作。台湾的历史,已经完成著述;台湾文化与文献的维护,也是他自视为责无旁贷的任务。

雅堂先生夫妇有三女一子。震东先生上有长七岁的姊姊夏甸女士(我的母亲)。二姊春台女士夭折。下有少六岁的妹妹秋汉女士。民国二十二年(一九三三),母亲已经远嫁于上海;舅舅也在西安服务,而姨母则毕业于淡水高等女子学校,外祖父便决心内渡,遂其终老于祖国之志。当时舅舅在西安工作,路途遥远;而我父亲在上海拥有不少房产，母亲挽留之下，二老便在上海江湾路公园坊八号住下来。

外祖父的晚年并没有移家湖上。上海虽称十里洋场，但闸北虹口一带，算是比较安静的。他和外祖母住在闹中取静的"公园坊"一幢两层楼的小洋房里，安享比在台湾时更清静的老后生活。我们的家在江湾路五四〇号，与公园坊隔着一片草坪，便利互相往来。而在我出生之后，含饴弄孙，大概也就成为他们另一种安慰吧。"别看你外公写起文章来笔力犀利如剑，抱着你的手，可是小心翼翼、抖抖颤颤的啊。"母亲曾告诉我。我太小，无法记忆外祖父抱着我的手。但我仿佛记得稍大时，外祖父带着我去对面的虹口公园散步，我总是顽皮地跑在前面，瘦高的老人不得不辛苦弯腰来牵我的手。

我也依稀记得有一天，我被带到公园坊八号的二楼。外祖父躺着的床上罩着一块大白布。床的周围是啜泣的亲人。白布对我而言，似乎就是代表死亡。那是民国二十五年六月（一九三六年六月），外祖父五十九岁，我三岁。越两月，舅母赵兰坤女士在西安生下一个男婴，遵外祖父遗嘱，取名为"战"。外祖父弥留之际对舅舅说："日本侵华野心明显，中、日终必一战。光复台湾，就在此一战。兰坤生的孩子若是男婴，就命名为'连战'，也意味着自强不息的意思。"

七十三年以后，我们来到西湖北岸追踪先人的足迹。山腰坡道上的玛瑙寺，是当年连雅堂先生夫妇和连震东先生曾经住宿过的玛瑙寺山庄故址。对于我们四姊妹而言，这是第一次探访；对于连战夫妇而言，则已经是多次来临了。事实上，二〇〇五年"破冰之旅"后，大陆方面得悉玛瑙寺曾为连战的祖父与父亲寓居之所，遂提议将其改建为"连雅堂先生纪念馆"。连战表示，经过两岸复交来往合作，玛瑙寺应成为两岸文化交流的平台。所以如今玛瑙寺内除了复建的寺院、亭台、泉池外，更有"连雅堂先生纪念馆"展陈着外祖父的许多著作、事迹记载，及生前摄影等物。而这个纪念馆也定期举行台湾文化展。我们看到台湾人物志厅、传统文化厅、历史文化厅、原住民厅、自然环境厅、现代工业厅，展出台湾独特的风土文化。

外祖父地下有知，虽然"移家湖上住"的愿望没有达成，但确实"青山青史各千年"，他应感到安慰了。

参观玛瑙寺是在去年春天，一年之后，应有鹿出版社邀约，我将已经绝版多年的《连雅堂传》整修重新出版。

最早写这本书，是在"中央文物供应社"策划下，参与了"先贤先烈传记丛刊"，负责写外祖父的传记。当时这一套丛刊的读者对象，是以高中学生及社会青年为主，并且在字数上也有所限制，所以行文及篇幅都不得不受到某种程度上的约束。利用此次重新出版，我重读了往年旧文，几乎每一页都有些修正增补，也有若干改动的痕迹。希望这些文字，能够传达连雅堂先生真实的形象情思给读者。

林文月 志
二〇一〇年清明节

连雅堂先生素描,林文月绘

一马兵营

台湾有一句古老的说法："一府、二鹿、三艋舺。"府，指今日的台南；鹿，指鹿港；艋舺，则是指台北的万华。这三个地方，是昔日台湾的三大重镇。尤其是台南，古称"府城"，是台湾的文化古城，居全台首屈一指的地位。

今日台南市的中心地带，府前路南侧，介于南门路以西到新生路以东的区域，有一幢红砖白柱，屋顶中间有塔隆起，两翼伸展均衡的建筑物——台南地方法院。那是日据时代遗留下的古老建筑物。建构于一九一二年，虽然已经有近一百年的历史了，但由于小心维护，至今仍保持大部分原貌，十分珍重。而这一带地区，法院的东边，自南至北有碑林、原南门小学、忠义小学、孔子庙、武德殿，稍远处则有台湾文学馆。法院西边，自南至北，有南美商工学校，及规模颇大的商场和旅馆，更远处有创建于明代的古庙总赶宫，等等。商机与古今文化兼容并存着，间亦有老树枝叶扶疏。

其实，在日本占领台湾，建地方法院之前，这一带地区，曾经是明末延平郡王郑成功的骑兵部属所驻军之处。故而一世纪之前，当地人是称其为"马兵营"。

而百余年前，马兵营也曾经是《台湾通史》的作者，一代耆儒连

一 马兵营

雅堂的故里。

如今，徘徊于府前路这一带，只见新旧建筑参差，拓宽过的柏油马路上，行人匆匆，车辆奔驰；昔日连家那种植竹为篱，花木扶疏，泉石幽邃的景象已不可得见；更遑论士兵与马匹的雄姿英挺，飞沙扬尘的情况难觅了。

连氏本来是福建漳州府龙溪县人。

连雅堂的七世祖兴位公，生于明桂王永历三十五年（清康熙二十年，一六八一年）。两年后，明朝亡。兴位公少时遭此变难，胸中长怀隐遁之志。后离开龙溪，渡海来台，卜居于台南宁南坊马兵营。马兵营是明郑驻师的故址，兴位公选择以此故垒作为移居之处所，正表现了他与古人心同志合的验证。他一生不仕清朝，死后入殓，全家人取明服，以表示生降死不降之志。并且垂为家规："若入殓之时，男女皆用明服。"这个规矩为马兵营连氏所遵奉，直到雅堂的父亲得政公都如此。

远在明郑时代，台南便是产蔗糖的地方。连氏一族既然不仕清，遂以制糖为业。当然，那个时候，制糖的方法比较简单，没有今日的科学方法。连家的"糖"（制作场），是两个石制大辘轳。用牛力运转，把甘蔗切断后放进入，榨成蔗水。再将蔗汁舀起，利用甘蔗的渣废物当作燃料，熬成黑糖。然后，把黑糖放入大桶，铺上一层层的石灰，便制成白糖。不过，当时所谓"白糖"，并不像现在我们所食用的那么洁白和精致。

在马兵营的故址，移居于此地的连氏便是如此经营着殷实的制糖事业，代代过着宁静而与世无争的生活。那糖厂的店号，叫作"芳兰"。

林文月在马兵营遗址

二 宜秋山馆

光绪四年（一八七八）正月十六日——阳历二月十七日午后十时，宁南坊马兵营的连氏宅内，有一个男婴诞生。南台湾的正月，在入夜之后还相当的寒冷；不过，这个婴儿的来临，却给他的父母——连得政和刘妙娘，带来无限的欣慰与温暖。这一年，连得政四十五岁，刘妙娘三十一岁。他们为这个新生儿取名为重送。重送是妙娘的第三个儿子，但重送的上面却有三个哥哥：重承、重裕和重国。长兄重承是领养的，过继给得政未迎娶不幸而亡的未婚妻沈氏为子。三子重国早夭。刘氏怀孕之初，一夜梦见有人送一只龟给她。所谓"龟鹤长寿"，是祥瑞的征兆，而连氏这一辈分的排行字属"重"，所以取名为"重送"。家里有时候也昵称"神送"。重送生得眉清目秀，很得父母宠爱。他们这一房虽有四男一女，但在古老的大家庭制度下，往往兄弟依年纪的大小排行，所以生为四男的重送，便排在他三叔所生的两位堂兄之后，家族习惯唤他作"七仔"——是兵马营连氏小天地中最小的一个男孩子。

连氏的家园中，古木郁郁，有一株老莲雾树已历百年，犹依然屹立。扶疏的花木，淙淙的流水，虽然称不上豪华名庭，供堂兄弟们流连嬉戏，倒也绰有余裕。

二 宜秋山馆

重送的父亲，对他特别宠爱，每有游历，总喜欢由他陪着。故七八岁小小的年纪，他已游览过台南地方的各处名园，如"陈氏园"、"梦蝶园"等。也曾到冈山去观赏过古刹修篁。年少的重送记忆力特别强，他记得在他游"梦蝶园"的时候，曾见到台湾兵备道夏献纶所书的匾额"梦蝶遗踪"。这个匾额，后来佚亡不知去向。

他也曾经在走过西辕门街的时候，看到一个老匠，利用核桃雕刻猴子的形象，作为扇坠；又用胡桃雕成十八罗汉，神态栩栩如生，须眉毕现，惟妙惟肖。这种民间的艺术，细腻而别致，引起了年幼的重送莫大的好奇心。

他们父子感情深厚，对于儿子的许多问题，连得政总是不厌其详地细心答复。有时也在闲谈之际，讲一些有趣的小故事。譬如说有关"爱玉冻"的传说：

道光初年的时候，有个同安地方的人，住在台湾县治的妈祖街楼，靠商贾为生，他经常往来于嘉义的山中，采办土产物品。有一天，经过大埔，当时天气很热，他走累了，口又渴，便想到附近的溪边去喝水。没料到却见溪水竟然成冻！他用双手合掬来喝，那水冰凉沁透心脾，真是甘美宜人。他抬头看四周，只见悬崖间长着高大的古树，蓊蓊郁郁，枝叶茂密，几乎遮蔽天日。心里十分纳闷：这大热天里，哪儿来的冰呢？这时，他发现水面上漂着不少果子，便好奇地舀取，用水轻轻一揉，那果子里面竟饱含着汁浆。"这水之所以成冻，定必和这果子有关联。"于是，他捡了几个果子回家，用水洗净以后，在一碗清水中不断揉挤漂洗，让果子里头的汁和水混在一起，然后取去果子，过滤渣子；过了一会儿工夫，那一碗淡黄色的液体果然结成冻了。他又发现，将这种冻切成小方块，掺和些许糖水，则更加美味可口。

从此以后，他经常到那个溪边取果子，制成了独特的消暑解热的点心，并且让他的十五岁女儿到街上出售。行人到那摊子上买一碗物美价廉的果冻，都觉得全身暑气顿消；可是又都不知道这是什么东西？叫什么名字？那人紧守着秘密不肯告诉别人，而他那个十五岁的女儿长得楚楚可人，名字叫爱玉，大家便很自然地把她所出售的这一道美味点心唤作"爱玉冻"了。

有一次，重送在长辈们的言谈中听到"苏州"这个地名，据说是一个江南的风光明媚的地方。小小心田里，竟留下难忘的印象，发愿日后长大，必要一游其地。

从前的人没有公家小学可读，男孩子到七八岁左右，多数在家乡请一位家庭教师启蒙，叫做"破笔"。重送八岁那一年，和他的同乡小孩张文选，也一同拜了魏一经老先生为师。从此，正式改乳名"重送"为学名"允斌"了。不过，除了魏老先生之外，他的姊夫郑梦兰在家中也时时指导他读四书、五经。

马兵营的宅第，这些年来人口增加，而孩子们又渐渐长大，显得有些拥挤，所以得政便将原有的房屋稍予扩大。新修建以后的马兵营屋宅，可以容纳二十多人居住。可是为了德裕（二哥重裕的学名）和允斌诸兄弟的读书环境，他便再购置近旁的"吴氏园"，专供他们读书习字之用。这个"吴氏园"，本来是雅人吴尚沾先生的别墅，占地大约五亩。园中种植各种花草树木，且有泉流奇石，四时都有美景可赏，尤以秋季为最，无论赏月、听雨、伴竹、弹琴、读画、咏诗皆

二 宜秋山馆

相宜，所以园中的一个馆宇便取名为"宜秋馆"。宜秋馆的外面有亭子，四周设勾栏。亭子是筑在池塘中央，而池水中遍植着荷。初夏之际，荷花盛开，清香随风袭人，南台湾的骄阳虽艳，读书其间，倒是别有一番情致。由于生长在这样的环境中，允斌不自觉地也养成喜爱花的个性，他也随着大人们种植各种花卉。兰、蕙、菊、茉莉、晚香玉、水仙花。庭隅，道畔，各季花开，几无隙地。

连得政经营的是民间的糖厂。经商虽然用不到大学问，可是他对于孩子们的教育却十分重视，不仅为他们布置幽雅的读书环境，又时时添购许多书籍，供他们阅读。逢着闲暇的黄昏，他总是爱到这"吴氏园"来看孩子们读书玩耍的情形；兴致好时，也会亲自煮一壶茶，坐在树荫下的大石上和他们闲谈。他谈话的内容范围很随便，也很广泛：时则家务琐事，时则天下大事，许多做人处事的道理，便在这种不拘形式的漫谈间牢牢灌注入孩子的脑中。他自己平日很喜欢阅读历史书籍，举凡《春秋左氏传》《战国策》《史记》，乃至于《三国演义》等书，都是十分详熟的。对于思智日渐开发的允斌来说，这时候最大的乐趣莫过于陪在父亲身旁，看他一边品茗，一边侃侃而谈古代的一些忠义故事了。

十三岁那一年，允斌改在观音亭街从师读书。

允斌秉性聪明，又好学不倦，具有惊人的记忆力，可以过目成诵。《史记·项羽本纪》纪是一篇长文，可是熟读几回之后便能默诵不遗。他的父亲对于这个聪明伶俐的儿子，十分疼爱，欣喜异常。

有一天，连得政以两金代价买了一部余文仪主修的《续修台湾府志》送给允斌，告诉他："你身为台湾人，不可以不知道台湾的事情。"

允斌怀着兴奋的心情读完了这本书，可是他发现此书的内容太过简略。父亲说：身为台湾人，不可不知台湾事；然而这样一本薄薄的《台湾府志》又岂能满足想知台湾事的人呢？身为台湾人的允斌，内心有了一个念头：我要努力读书，我要用心搜集有关台湾的史料；将来有一天，我要写出一本更完整的记载台湾事迹的书！这样才不辜负父亲的一番心意；才不辜负故乡台湾。

得政不仅对于孩子们的学业十分重视，对于他们的人格修养更能以身作则，潜移默化，这点尤其重要。他平日为人仁厚慷慨，时常济助族人和乡里。他的哥哥得敏去世得早，遗孤只有数岁，寡嫂无以为生，母子的生活所需便是得政供应的。姊妹之中不幸早寡的，也都得到他的照料。他对待外甥们，一如亲生子女，衣食和教育诸细节，都照顾得无微不至。远近亲戚，贫困的，也总是暗中接济。他这种乐善好施，但求尽心而已，并不想求闻达的行为，赢得人们对他由衷的敬佩。

每年元旦，得政定必带领子侄辈去扫墓，看到道上有连氏失祀的坟墓，他便自动整修，并率同小辈一起祭祀。中国人最重视孝道，他这种实际的身教行为，给予年轻人的印象最是深刻，更胜过读书说教。

台湾城守营凌定邦为广东人，死后留下巨大的债款，无法偿还。得政与凌定邦相识，哀怜其孤儿，慨然无条件地拿出二千金，使得丧事顺利完成。

同治六年（一八六七），台湾南部闹饥歉，谷价大涨，许多人买不起米，全家老少挨饿着。得政采购了白米一千石，以平价售出；至于穷人，则每日救济二升。这虽然使他耗去数千金，但是行善最乐，

二　宜秋山馆

他心安理得。次年，仍然岁收欠佳，他又慷慨行善如故。

台南城东边的旧社陂有许多良田，有一个名叫王国香的奸人想要独揽其利，引起了佃农的公愤，把他驱逐赶走；没想到这王国香竟然倚仗着认识几个官场上的人物，反而诬告佃农们，要把他们逮捕下狱。可怜无知又无势的老百姓，眼看着就要被奸人陷害而无能自救。得政听到这个消息后，毫不加考虑地捐出钱，以平息讼事，营救无辜的农民。这虽然是消极的行为，但以同样无所凭仗的一介平民的立场而言，也算得上是仗义之举了。

芋仔埔是海边的一区贫瘠之地，当地有许多赤贫人家无以为生，妇孺相率到东门外捡拾遗穗。他们往返要走二三十里的路途，而所得仅只是一些零碎的甘薯或菜叶而已。这些衣衫褴褛的人，经常走过"芳兰"店铺的门前，得政见了，十分同情，便每天散发给他们几千钱。起初大家都狐疑不能相信。"不相不识的，究竟这钱给我们做什么呀？"他们都不敢贸然领受。得政告诉他们："拿去吧。至少你们可以买个粽子什么的填饱肚子啊。"这才使人相信，于是大伙儿雀跃欢呼，连连道谢而去。

诸如此类的善施，在得政的一生中屡见不鲜。他平日严以律己、宽以待人，从来也没有见过对人疾言厉色，所以能赢得内外之人一致敬佩。

光绪十九年（一八九三），全台采访孝友之士，以表扬好人好事。进士施士浩，举人蔡国琳、许南英，拔贡傅藻文与岁贡石时观等人，共同推荐得政："孝友端人，事迹确凿"；福建台湾巡抚邵友濂题请旌表，结果奉旨建坊，入祀孝悌祠。

从得政的平日言行看来，这件事诚然可以说是名实相符；而他的典范楷模也就是儿女们最好的做人榜样了。

连家在马兵营勤勤恳恳经营糖厂兰芳号,虽然算不上特别富裕,但得政秉性仁厚,乐善好施,除了助人无数,乡党有急事,他更是率先捐款相济。例如郡城大士殿修理建醮,他以连芳兰铺号之名捐银十大元。这一切的善举,在得政的慷慨行为之背后,一直都是有一位默默无言的女性支持着。得政的妻子刘妙娘,年少于他十四岁。旧时代的家庭是男尊女卑的。夫妻地位虽然悬殊,但家庭和睦是男主人得以充分展现人格个性的基本。妙娘自己生育三男一女,但她嫁给得政时家里已经有一个男孩子了。重承是得政的双亲为他未入门就过世的未婚妻沈氏所领养的儿子。这是依照古老的习俗。因此,妙娘除了自己亲生的子女之外,也对这个长子呵护备至,尽为母的养育责任。非但如此,马兵营内住着伯、仲、叔三房,人口众多,妙娘所要关怀照料的也不仅是自己的小家庭而已。生活在大家庭中,有贤妻如妙娘,得政才能专心事业,又兼顾乡里邻人。

像许多人的甜美的少年时代一样,允斌在宁南坊马兵营的老家度过了风平浪静黄金似的优裕日子。他有一位严肃而宽厚的父亲,有一位慈祥而仁爱的母亲,在双亲的翼护下,他和族人兄弟姊妹在马兵营的宅内嬉戏徜徉,在吴氏园的斋馆读书赋诗。没有忧虑,没有烦恼,在温暖而和平的家庭里,他的身体一天天茁壮,他的思想也一天天成熟了。

二 宜秋山馆

三 劫灰零乱

光绪二十年（一八九四），中日甲午战争，清廷败绩。次年，李鸿章为清廷全权大臣，赴日与首相伊藤博文及外相陆奥宗光议和于马关春帆楼，订下了令台湾人士没齿难忘的《马关条约》。这次的议和，清廷不但承认朝鲜为自主国，更答应割让辽东半岛与台湾、澎湖于日本（辽东半岛后因俄、法、德三国出面干涉，由清廷出款三千万两赎还）。四月十七日，中日双方各签草约，其第二款：

　　清国将台湾全岛及附属各岛屿，又澎湖列岛，即英国格林尼次东经百十九度起至百二十度止，又北纬二十三度起至二十四度之间岛屿，永远割让与日本。

　　又第五款：

　　本约批准互换之后，限二年之内，日本准清国让与地方人民，愿迁居于外者，任使变卖所有产业，退去界外。但限满之后，尚未迁徙者，酌宜视为日本臣民。

三 劫灰零乱

台湾的人民何辜？清廷的腐败懦弱，竟要牺牲台彭的居民，使奴役于异族！所谓"变卖所有产业，退去界外"，又谈何容易，岂是所有不甘臣服于日本的老百姓都能办得到的呢？

当时，有一些台湾籍举人在北京参加会试，听到此消息，都十分震怖，向都察院上书，全力为台湾的老百姓请命。然而没有效用。而在台湾的绅民也电报清廷说：

> 割地议和，全台震骇。自闻警以来，台民慨输饷械，固亦无负列圣深仁厚泽，二百余年之养人心，正士气，正为我皇上今日之用，何忍一朝弃之？全台非澎湖之比，何至不能一战？臣等桑梓之地，义与存亡，愿与抚臣誓死守御。若战而不胜，待臣等死后，再言割地。皇上亦可上对列祖，下对兆民也。

如此激昂慷慨而沉痛恳切的台胞心声，可惜清廷执役者根本不报于上；反而不久便下令撤回守土官。但是，台湾巡抚唐景崧与帮办防务刘永福都发誓"与台共存亡"，而绅士丘逢甲等也不甘臣服异族，因此共推唐景崧任总统，由刘永福率领军队，成立了"台湾民主国"，共推巡抚唐景崧任大总统，以刘永福为台湾民主将军。于是上电清廷：

> 台湾士民，义不服倭，愿为岛国，永戴圣清。

又致中外文告：

我台湾隶大清版图二百余年。近改行省，风会大开，俨然雄峙东南矣。乃上年日本肇衅，遂致失和。朝廷保兵恤民，遣使行成。日本要索台湾，竟有割台之款。事出意外，闻信之日，绅民愤恨，哭声震天。虽经唐抚帅电奏迭争，并请代台绅民两次电奏，恳求改约，内外臣士俱抱不平，争者甚众，无如势难挽回。绅民复乞援于英国；英泥于局外之例，置之不理。又求唐抚帅电奏，恳由总理各国事务衙门商请俄、法、德三大国并阻割台，均无成议。呜呼惨矣！查全台前后二千余里，生灵千万，打牲防番，家有火器。敢战之士，一呼百万，又有防军四万人。岂甘俯首事仇？今已无天可吁，无人肯援。台民惟有自主，推拥贤者，权摄台政。事平之后，当再请命中国，作何办理。倘日本具有天良，不忍相强，台民亦愿顾全和局，与以利益。惟台湾土地政令，非他人所能干预。设以干戈从事，台民惟集万众御之。愿人人战死而失台，决不愿拱手而让台。所望奇才异能，奋袂东渡，佐创世界，共立勋名。至于饷银军械，目前尽可支持，将来不能不借贷内地。不日即在上海、广州及南洋一带埠头，开设公司，订立章程，广筹集款。台民不幸至此，义愤之伦，谅必慨为欷助，泄敷天之恨，救孤岛之危。

并再布告海外各国：

　　如肯认台湾自立，公同卫助，所有台湾金矿、煤矿以及可垦田可建屋之地，一概租与开辟，均沾利益。考公法：让地为绅士不允，其约遂废；海邦有案可援。如各国仗义公断，能以台湾归还中国，台民亦愿以台湾所有利益报之。台民皆籍闽、粤，凡闽、粤人在外洋者，均望垂念乡谊，富者挟赀渡台，台能庇之，绝不欺凌；贫者歇业渡台，既可谋生，兼同泄愤。此非台民无理倔强，实因未战而割全省，为中外千古未有之奇变。台民欲尽其弃田里，内则渡后无家可依；欲隐忍偷生，实无颜以对天下。因此捶胸泣血，万众一心，誓同死守。倘中国豪杰及海外各国能哀怜之，慨然相助，此则全台百万生灵所痛哭待命者也。特此布告中外知之。

可惜，这等悲壮沉痛的决心，究竟台湾人士所组成的防卫军队还是敌不过日军的坚甲利炮。日本人的舰队自海上来，由鼎底澳登陆，越过三貂岭，攻陷基隆炮台，而直逼狮球岭。唐景崧闻此消息，竟乘德国商轮逃走厦门。林维源、林朝栋及丘逢甲等人，亦相率而去。

北部既失守之后，台湾民主将军刘永福应众人要求，移驻台南，重新筹划防守之策。继续与敌斡旋，艰苦抵抗。然而死伤甚伙，而饷械以绌，日军又南北俱逼，刘永福深知事已不可为，本来希望由英、荷领事居中达成议和，可是日方坚持永福至日舰上议款，否则开战。最后，刘永福也只得从安平乘英舰离去了。

至此，"台湾民主国"因主持人溃散无余，而不得不告终。从光绪二十一年（一八九五）夏四月到秋十月，虽然为时仅只数月，可是这一个夭折的组织，却意味着伟大的民族精神。台湾同胞已经尽了他们最大的力量，可以问心无愧了！

这一段大动乱的时间里，连家竟也发生了一大变故。

正当日军侵犯北台湾，唐景崧逃往厦门，人心惶惶之时，得政盱衡时局，他心中知道"事难为"，却仍与亲戚朋友商量筹出粮饷，为保卫家乡尽个人的能力。他日里奔走商议，没有人料到竟一夕而亡故。真正是忧思成疾。时为光绪二十一年（一八九五）六月二十四日（阳历八月十四日）。时局慌乱，对于连家的人来说则更是国难加上家难，真正祸不单行。得政是连氏七房中的重心人物，他的去世，使马兵营的连氏宅园笼罩了深深的阴影。对于当时只有十八岁的允斌而言，慈父的去世更是最沉痛的打击。强忍着苦痛，办妥了丧事，他内心感到一片茫茫。

在奉讳家居期间，允斌以手抄杜少陵全集，设法抑压悲哀的国家之痛。唐代的诗人杜甫生逢开元天宝唐帝国由盛极而衰的大动乱时代，亲历兵荒马乱，目睹民间哀苦，写下了许多可歌可泣的史诗，也咏出了不少血脉贲张的社会写实诗，赢得文学史上"诗圣"之称。当时的台湾正临异族侵略，台民抗暴，正亦戎马倥偬，四郊多警，许多人避地而居，长巷寂无居人。深夜，伴着孤灯书写少陵集，那一字一句都深扣允斌的心。十八岁的他与千载前的诗圣神交，一方面觉戚戚焉默许，另一方面则更加添家园凄凉之感。

读杜诗，又开启了允斌的诗兴，他开始认真地学习作诗。与他来往的朋友，如同乡叶应祥、陈渭川也都有诗作相示。好友之间的奇文共赏，疑义相析，稍稍治愈了允斌的丧父之痛。这时期，他有一首诗，题为"鞭"：

马上英雄气慨然，断流直欲扫腥膻；
指挥能事乾坤转，驱逐相随道路绵。
夜月闲吟杨柳地，春风得意杏花天；
中原今日忧多事，壮志何容祖逖先！

三 劫灰零乱

年少慷慨激越的情绪是显而易见的。

初时刘永福应众人的拥戴，到台南来重整旗鼓，准备继续抗日。他选择了昔日郑成功驻师的马兵营连家宅第，作为军队的指挥部。连家的人匀出了一部分屋宇；于是，似乎历史重演，这个地方又一度成为民族精神的堡垒象征。只是，这一次非为抗清，而是抗日，其意义毋宁是更重大的。由于"台湾民主国"的总部在马兵营的连氏家园内，而允斌又居丧守制在家，所以他利用诗文习作之余，从事搜集有关"台湾民主国"的文告及其他种种资料；大自独立宣言及往返电文，小至当时通行之邮票，都仔细收藏。他所以这样做，并不是用以排遣无聊，亦非出于一时好奇，实在是有更深远的用意。早在他年幼时，父亲便以《台湾府志》赠送，告诉他："汝为台湾人，不可不知台湾事"；而当时允斌见《台湾府志》之简略，内心便已经有意要为故乡修一部更完备的史书。如今，他所经历的动乱，相信在将来必会成为台湾历史上的重要一页，因此他要努力搜集这些宝贵的第一手资料。这实在可谓为著史的使命感使然。

在连家人笼罩于丧失大家长的哀恸之际，马兵营之外兵马倥偬，战事不停。被清廷放弃的台湾义勇军无法对抗日军水陆双方面的攻击，自北而南节节败退，伤亡惨重。继新竹、苗栗失守之后，彰化沦陷了，云林沦陷了。刘永福慨叹："内地诸公误我，我误台人！"而嘉义也沦陷时，永福深知"事不可为"，故于日军攻打台南城外的炮台时犹亲自还击，打死敌军数十人，十月十八日便乔装逃走安平。次日，乘英船爹利士号去厦门。二十日，日军攻入台南。至此，"台湾民主国"不得不瓦解；台湾遂沦陷于异族。

连允斌正值年轻气盛之时，他不甘屈服于日人之下。当时，有一些台湾士绅为避祸难，内渡福建省一带，称为"走番仔反"（这里所谓"番仔"，并非指台湾的原住民，而是指日本人）。允斌虽然居丧未满周年，也毅然而"走番仔反"。不过，这件事在他个人而言，实际上，除了消极的避难之外，其实是更具有其积极而远大的意图的。

原来他不仅喜爱诗文，注意历史，更关心时势；尤其难得的是，又擅长冷静理智的思考和分析。他静观时局动态，于悲愤清廷之腐败，台胞的不幸之余，更推测：日本与俄国将来因利害关系，终难免于一战；而中国地居此二野心国之间，亦难免牵连其间，届时，非有了解日、俄两国情势之人才不可。台湾既沦陷于日人掌中，将来对日本有研究的人才，应当比较易得；而对于俄国方面具有深刻了解的人才，则并不易得。于是，考虑再三之后，他辗转到了上海，申请入圣约翰大学，专攻俄文。

离乡背井，负笈内渡，对于一位二十岁左右的青年而言，意味着生命史上一个新的里程碑。从此，允斌为自己取了一个预备终身沿用的名与字：名横，字雅堂。

可惜，他虽然有远大的眼光与理想怀抱，而攻读俄文的意愿并未能够达成。因为在进入圣约翰大学不久之后，他接到母亲刘氏从台湾寄去的信，促他返台完婚。

在旧时代里，"成家立业"是一个男人一生中必须经过的两件大事；何况父亲已经去世，未能亲睹自己成婚，如何能让年老的母亲再为自己的终身大事而焦虑呢？虽然他舍不得丢下学业，但孝心使他更不忍拂逆老人家的意愿，因此只得辍止学业，束装返归故乡。

三 劫灰零乱

四 此事古难全

在连雅堂赴大陆以前，他便与同乡沈德墨的长女沈筱云定亲了。

沈家是台南殷商。本籍福建泉州府安溪县。

沈德墨从年轻时代，便随他的父亲经商，且习得航海业，常常往来于日本及东南亚各地，懂得好几国语言。他为人精明干练，由于数度来台贩运糖和茶叶，其后就安居在台南。他在台南经营进出口贸易，先与英国人合作，后来又与德国人合组了"瑞兴洋行"。采办日常用洋货，分售于台湾南北，而以台湾的物品销售于西洋。其后，为新西兰海上保险代理店，台南的保险事业自此开始。原先台湾产糖虽多，但制法并不完善。沈德墨从德国购买先进的制糖机器，择地经营试办。集集为彰化内山，德墨曾率领匠人入山相度，建寮招募工人，伐樟木熬其脑，遂又以台湾产的樟脑出口配售于欧洲各地。后来，由于瑞兴洋行内部债务关系，合伙的德国商人无力偿债，便留下一幢坐落于北势街的洋房而返回德国。从此，沈氏继续独立经营"瑞兴洋行"，而沈家的人也就迁居于那幢当时最豪华摩登的洋房里。这一幢二层楼的洋房有五进深，楼下后面大部分供作仓库，存放着准备装船的货品。

筱云本是沈家小姐，从小被父母金枝玉叶般地呵护带大。当时妇女是很少接受教育的，德墨先生却特别为了这个娇爱的女儿聘请家庭教师，课以四书诗文等。而筱云虽然从小娇生惯养，但她大概是秉承了父亲的精明伶俐的遗传，对于会计方面颇有心得。"瑞兴洋行"的账务，多年来都是由她掌管着。这也就是在男女都时兴早婚的那个时代，这位以貌美驰名远近的沈家小姐竟会蹉跎到二十四岁才结婚的原因。

在沈德墨眼中，这位女儿无异是他的掌上明珠。他虽然很舍不得放走筱云；但是，女大不中留，又恐怕过分疼爱反而误了女儿的终身大事。为人之父者，只得在许多登门求婚和托人说媒者当中，慎重考虑。当时向沈家提亲的青年很多，他何以偏偏挑重连雅堂呢？这不能不说是他慧眼识英才；他所以殷殷属意于这位青年，不是因为对方的家庭背景和产业等身外的客观条件，纯粹是看准了年轻的连雅堂个人所具有的独特气节风度，以及他的诗文才华。

光绪二十三年（一八九七）十一月十四日，连雅堂与沈筱云结婚。新郎二十岁，新娘二十四岁。筱云虽长于雅堂四岁，但是她生得娇小玲珑，看来十分年轻。她的脸庞轮廓清楚，天庭饱满。双目明亮而圆大，清晰深邃的双眼皮，与挺直的鼻梁相配，使她看来带着几分西洋人的模样，所以从小就有人给她取"番仔姑娘"的绰号。雅堂则生得清癯儒雅，风度翩翩。瘦长的身材，比他的新娘高出一个头。亲友们见到这一对新人，都认为真是郎才女貌。唯一遗憾的是，雅堂的父亲竟不及目睹他所疼爱的幼子今天这个大喜的日子。刘氏和雅堂，他们母子两人虽然没有说出口来，可是心里难免都有同样的感慨。

洞房之夜，新娘子体验到一个传奇性的事情。

那晚，不胜娇羞的新娘掀开了他们新婚的帐子，没想到赫然瞥见的竟是一只脑后梳着红辫子的白猿！不过，这只是一瞬间的事情，待她定神再望时，只见她温柔而英俊的新婚夫婿躺在那儿。这事情，她在三日归宁时，曾向母亲提过，她母亲嘱咐她：千万不要对新郎说，这一辈子也不要告诉他。

这真是一件不可思议的事情。可是，沈筱云始终认为她所嫁的人是一位非同寻常的人物——她相信她的丈夫是"玉猿"的化身。

连雅堂和沈筱云结婚不久，台湾全境鼠疫流行，马兵营连氏宅第内也有人感染这个可怕的瘟疫，有人甚至病发不治。沈德墨担心爱女的健康，便建议这一对新婚夫妻迁移到宽敞的北势街沈府避疫。

沈氏府第内丫鬟仆役很多，他们把这一对归宁的小姐和姑爷伺候得无微不至。而雅堂自应母命中途辍学返里完婚后，就暂时无意再离开新婚的夫人，也没有正式参与外事。他除了陶醉于甜蜜的新婚生活之中，便是闭门读书。当初赴上海入圣约翰大学的目的是在攻修俄文，如今既然无法达成这个意愿，他便转而自修日文。

这时候的连雅堂只有二十岁，正值血气方刚的时期，国仇家恨，他不是不知反抗日本人的奴役统治。然而，究竟国家乡里的命运，不是匹夫的冲动所能挽救的。台湾被侵占，既已成事实，则只有暂时忍气吞声，而兵家所谓"知己知彼，百战不殆"；只是仇恨敌人，并无济于事；要反抗敌人，先需要了解敌人，这就是雅堂所以开始研究日文的原因。他学习日文的原因系出于自动，不是被迫，决非为了投机献媚，实在是出乎一介书生的深刻用意。

从上海回到台南之后，他发现里人中有志于诗者颇多。当时诗友之一的叶应祥已经去世，于是便与陈渭川、吴枫桥、张秋浓、李少青、曾复生、苏捷梯、蔡维潜等人共结"浪吟诗社"。在这些人当

四 此事古难全

中，连雅堂算是比较年少的一个。

古今诗人都是热情浪漫的，虽然当时时局艰难，志同道合之士聚会在一起，时则高谈阔论，时则切磋琢磨，倒也聊堪逃避现实的苦闷，而寄托感慨情怀于一时。这个诗社的组成分子有一个定规，那就是大家要多多接触，以沟通彼此，免于使诗社流于形式化。他们有时一个月聚一次，有时甚而多至月会数次。而春秋佳日，则多选择城外的佳景名胜古刹作为会聚之地，竹溪寺、法华寺、海会寺等地方，都是这些骚人墨客经常流连赋诗之处。

有一个夏天的月夜，雅堂和筱云的弟弟沈少鹤，及李兆阳等人泛舟于安平渡口。郭寿青也带着琵琶赶到。寿青精于金石丝竹各类乐器，尤其擅长琵琶。他们荡舟水上，当时夜已半，月色水光，涵虚无际。寿青便弹奏水操之曲。不多久，远方似传来咿哑之声，既而有喇叭声、传点声、士卒呼唱之声由远而近；忽而又闻鼓声隆隆然，旗声瑟瑟然，刀声锵锵然，橹声悠悠然，风声水声荡荡然，两军激战之声轰轰然，有如周郎之火赤壁，岳侯之破洞庭，足以振人尚武。而乐声正当高潮之时，又突闻画然一声，四弦俱寂，只见月光与水光交辉，舟中人都屏息倾听。雅堂从音乐的陶醉和震撼中醒来，不觉得连连称赞，并且举杯酬劳。众人也纷纷举杯颂叹。寿青有些儿自负，也有些儿遗憾地说："我的技艺虽然算不得什么，可是，当今台南，恐怕还没有人能跟我相比的吧。只可惜我活了一把年纪，学无所长，只落得以琵琶见称。这辈子也没有什么好指望的了，只希望将来雅堂兄能替我写个传什么的，让后人知道这么回事，也就别无所求了。"

这一晚，大家的游兴和诗兴都很浓。连雅堂写了《六月既望，偕沈少鹤、余屏君、陈瘦云、李兆阳、郭寿青泛舟渡安平渡口，黎明始归》四首七绝：

赤壁壮游已千古，大江东去酒频浇。今宵打桨安平渡，天际雄观国姓庙。

半船明月半蓬烟，对酒高歌杂管弦。夜半江鱼惊出听，一声拨剌落灯前。

鲲身渔火隔江明，鹿耳新涛拍岸鸣。归际酒酣天欲晓，一灯微见赤崁城。

何人洒酒临江夜，亦有中流击楫过。如此壮心吾欲起，那堪安乐听渔歌！

昔日苏东坡赤壁怀古，写下激昂慷慨的"大江东去"名句；而今连雅堂游安平港，见"鹿耳新涛拍岸鸣"，遥望赤崁城，亦正于游兴之中掺和着真情壮志，所谓"那堪安乐听渔歌"，这里面所蕴藏的沉痛之情，当然不是那种"隔江犹唱后庭花"的耽乐无知之唱；只是站在时代大环境的悲剧舞台上，一介小我于悲歌之外又能如何呢！

在新婚的这一段期间里面，连雅堂住在沈家，而沈府资业雄厚，奴僮众多，他受到岳父岳母呵护周到的款待，不必忧虑生活，所以并不急着找寻工作。沈德墨虽然是商贾出身，然而他十分赏识这位多才多识而有气节的女婿，对于他因与爱女完婚而中途辍止的学业，也有几分抱歉的意思，所以反而时时鼓励雅堂暂时勿以事业为虑，多多读书充实学养。故而这时期，连雅堂居家则闭户读书，有娇妻做伴；出外则广结文友，不仅与南部的诗人雅士经常来往酬吟，有时且赴台北，与北部的士人也有所接触。当时台北方面有一个诗社"玉山吟社"，本来是由日本文人所组织的一个文学集团，不过也兼容台籍人士，北部的一些骚人墨客也参加的。有时，大陆来台的文士客寓基隆、台北等地，也会受到这个"玉山吟社"的邀约联欢。这时候，年少的连雅堂已在台南一带渐享诗名，所以北部文化界有盛会，每每都会邀请他。有时"玉山吟社"的文友也会将他们的诗文邮寄赠予他。

在连雅堂和沈筱云婚后的翌年夏天，他们的第一个孩子诞生了；是一个女儿。这个女婴长得十分玲珑秀丽，酷肖她的母亲，有一对清晰双眼皮的明亮大眼睛，鼻梁挺直与天庭饱满，直是她母亲的印模似的——沈家几代有一个奇特的遗传，长女一定肖像母亲，那就是说，沈筱云像极了她的母亲；而今这个女儿夏甸，又直袭筱云的美丽。不过，这女婴的一张薄薄小嘴，倒毋宁是父亲的遗传。这奇妙的配合，使这女婴人见人爱。

二十一岁的年轻父亲，内心更有如获至宝的欣喜。本来，在那个古老的时代，在那个重视子嗣、重男轻女的大家庭制度之下，首胎弄瓦，未必是顶受欢迎的；然而这个在沈府诞生的连雅堂的长女却受到两家无上的爱护。因为雅堂是一个开明之士，他的思想不囿于传统的习俗，而筱云的父亲，则因为这是自己爱女的长女，是他盼望已久的孙辈，所以更是兴奋异常。他全然没有在意这是他的外孙，而且是一个外孙女儿。看着那一张美丽的小脸蛋，府第上上下下都喜气洋洋。

许是做了父亲，在心理上有一种成熟感，在精神上有一份责任感的缘故吧。连雅堂不再闭户读书，而想积极参与社会工作，以求自我的发展，并贡献一己的才能于乡里。这时，台南的《台澎日报》创刊。这是一份兼容日文与中文的报纸，雅堂便应邀入这个报社，负责汉文部主笔的工作。

连雅堂能主持《台澎日报》汉文部主笔，完全是由于他既有的诗文根基，以及他在南台湾一带文坛上日愈著显的声望；可是，更重要的是，在当时文人聚会之际，他每常发表开明先进的论调，以及对于社会时局的积极关怀的态度，这是作为一个报人很重要的条件。进入报社之后，果然他伸纸吮毫，纵横议论，不负众望，同时也展现他的才识。他自求进步，愈加努力自修，扩大阅读的范围，以为执笔写文章的滋养；同时，由于出任报务后，来往结交的面也更扩充，而且由于实际环境的需要，不得不更积极学习日文了。

虽然，这份工作十分劳神，当时只有二十二岁的连雅堂倒是乐此不疲。同时，无论工作多繁忙，他都没间断深夜读书的习惯。后来他曾经在《诗荟余墨》里写过一段短文自述：

人生必有嗜好，而后有趣味，而后有快乐。酒色财货，人之所好也，而或以杀身，或以破家，或以亡国。唯读书之乐，陶养性情，增长学问，使人日迁善，而进与高尚之域，其为乐岂有涯哉？余自弱冠以来橐笔佣耕，日不暇给。然事虽极忙，每夜必读书二时，而后就寝。故余无日不乐，而复不为外物所移也。

翌年，《台澎日报》与《新闻台湾》合并，改组为《台南新报》，汉文部仍然由连雅堂担任主笔。这个报社也偶然举行一些社交活动，例如主办"赤城花榜"，遴选十美——这恐怕是台湾最早的选美活动。当时赢得第一名的是年仅十五岁的北里少女李莲卿。她生得丰姿曼妙，秀外慧中，自从荣登冠军后，更名噪一时，倾倒众生。可惜红颜遭妒，次年竟以十六岁的花样年华病殁。雅堂并未因莲卿的出身而

四 此事古难全

有丝毫蔑视之意，相反的，他对于这个貌美而不幸的少女寄予纯挚的同情，生前死后都有诗纪念她。在《悼李莲卿校书》的小序中有文："李莲卿，北里之翘楚也。丰姿妙曼，秀外慧中，余一见而悲其遇。客秋，余开赤城花榜，拔女冠军，顿觉名噪一时。人为女幸，而女则自悲不已，盖狂且之肆辱由是而起。余至是而为之恨矣。本年七月朔，女以病殁，年十有六；人为之吊，余则为之贺也……"

雅堂是一个仗义执言的报人，同时也是一个深情善感的诗人，更难得他有开明的思想。他对于男女平等一事，比谁都早觉悟，所以对际遇不幸的弱女子特别同情。这与一般男人对女子怜香惜玉心理并不相同。这一点可以从另外一件事看出来。

中国妇女自宋代以来便有缠足的习俗，而台湾移民的祖先多数于明清时代来自闽南，所以也保留了许多古老的习俗。《马关条约》前后，除了客家妇女以外，大部分的人也都视三寸金莲裹小脚为美观。"女为悦己者容"，这种不正常的审美观念一代一代相传下来，真不知使多少妇女受苦！而且，缠足不仅不美，更扭曲了人体自然的骨骼，既妨害卫生健康，又使人行动不便。女子若要与男子论平等，首先应割除的该是这个裹小脚的陋俗了。当时，有一位先知先觉者黄玉阶，和一些开明之士在台北创立"天足会"，呼吁解除那一条又臭又长的裹脚布，让妇女也像男人一样可以用天生自然的脚自由阔步。不久，许廷光在台南响应，也组织了"台南天足会"，自任为会长。连雅堂和其他七位人士为干事，他们透过报纸传播，鼓励妇女为争取自由平等解开那一条自我捆束的布。

在雅堂个人而言，他这种爱护女性的思想，或可能受自小时候他父亲的先见之明。他记得自己幼小时，常常看到母亲为求一双娇小的脚而受尽苦痛，而他的父亲得政总不以为然地说："不要绑了，不要去理别人怎么说。难道这个家容得下你，就容不下你的一双脚吗！"不过，雅堂对于自己夫人那一双自幼裹得小小的脚却没有积极的办法，他只好消极地劝筱云逐渐放松，不要再继续折磨自己；而对于女儿，他当然是一任其身心自然生长发育的。

连雅堂因为婚后不久即移居于岳父家，与沈筱云的弟弟沈少鹤十分友爱，情同手足。少鹤比雅堂年长二岁，他虽生于商人家庭，却长得丰仪整秀，一表人才，又天性颖悟，喜好诗文风流，所以每遇文士雅聚，雅堂总是邀请他参加。可惜，少鹤文弱多病，竟以二十五岁的英年病故，留下年老的父母，白发人送黑发人，伤痛欲绝。少鹤的两个弟弟又都还幼小；何况寡妇年轻，孤儿又都在襁褓中。幸而雅堂当时住在沈府里，不啻是一家的精神支柱，他一方面要安慰岳父母与寡嫂，一方面又得奔走料理后事，身心俱疲。对于他个人而言，骤然失去了一个亦手足亦友的知己，内心悲痛是可以想见的。他写了八首七言绝句《哭沈少鹤》，以宣哀悼之情。其中有四首如下：

一别匆匆便渺茫，人间何处遣巫阳？
招魂独向城南哭。凄绝秋风泪几行。（君葬在城南）

四年风雨话联床，一劫人天别恨长；
今夕引杯还看剑，张灯不见瘦腰郎。（余寓君家，今四年矣）

桩萱衰暮已堪伤，荆树花残更断肠。
半亩池塘秋水冷，哪堪比翼痛鸳鸯。（嫂夫人尚少艾，二子大者

四岁、小才两月）

论文肝胆凛秋霜，说复深情在渭阳。

一语告君如曦日，事亲戬首我担当。（余祭文中有君之父母即余之父母等语）

这里面充分表露了诗人深情，也可以见到诗人义重。

翌年四月，雅堂与筱云又获得一女，取名为春台。这个女婴长得不如大女儿秀美，可是白胖惹人爱。

死是可悲，生是可喜，而人生往往悲喜交替，死生轮换；少鹤的夭折，无论对身为长姐的筱云或姊夫雅堂而言，总是拂不去的心头哀伤。北势街的沈家整个陷入了黑暗之中一般，但是这个乖巧的小生命的诞生，却使黑暗之中透现一丝光明。生，是多么庄严，多么可庆喜啊，甚至连外祖父和外祖母都暂忘丧子的悲痛，用颤抖的胳膊抱起这新生的婴儿，二老的眼尾嘴角竟泛着一丝笑意！

然而，命运有时真的是难以逆料的。正当雅堂由悲转喜的当儿，没想到另一件教人心痛的事情突然发生了。

日本政府强行征购马兵营的连氏宅第，先是于其地设立"辎重部"（即后勤部）；其后改建为台南地方法院。

宁南的马兵营，曾是郑成功驻师的地方，当台湾民主国抗日的时代，也一度曾为刘永福暂遁以重整旗鼓之处所；更是连氏自渡台以后，七代七房族人所居住的老房。这个地方，占地十余亩，经过代代族人的扩建整修，无论危墙画栋，花木泉石，每一寸土，每一方地，都蕴藏着连氏家族的心血和感情。对于雅堂个人而言，则又是他诞生、成长，乃至于新婚期所居住的地方。马兵营，在他的心里，不仅只意味着一个家，实在是整个少年光阴的纪念。加上了历史的烙印，那里面有太多家国的悲欢哀乐与鲜明活生的记忆。

然而，一纸令下，日本人要收购它，毁坏它；在异族奴役之下的小民，又有什么抗拒的凭借呢？从此，庭园楼台夷为平地，七房族人四处星散七代家世不复团聚，儿时的欢愁亦随之烟消雾散了。

雅堂先生任事甚久之台南新报社

五 吾党吾国

光绪二十六年（一九〇二）八月，雅堂二十五岁，赴福州应经济科的乡试。考题为"汉唐开国用人论"、"勾践焦思尝胆论"、"子贡使外国论"等。这些历史故事和人物，都是雅堂从小读史有心得的范围，而正当青年遭遇国难家难之际，自是胸中一番激越，不吐不快。于是，他挥毫畅论，难免有干时忌的激语。结果，考官给他卷子的批语是："荒唐"；考试当然无法及第了。

其实，雅堂自己也知道，以他开明的新思想，要通过保守的考官青睐，根本不可能。他对于这次的考试，本来就不存什么希望；落第也就满不在乎，只当他是借此机会一游福州，顺便调养身心而已。后来每提及这件事，雅堂都自觉好笑。

他这次到福州赴乡试，是与友人林辂存同借住在福建长乐人施景崧家里。考试未能及第，附近的名胜倒是游览欣赏了；不过游兴浓时，总难免感慨家国。有一回，由施景崧为主，邀请连雅堂等人，一行七人同游马江。当晚月明水清，雅堂身在内地，心系海峡对岸的故乡，写了一首《马江夜泛》：

瞑色迷天末。清空起濯讴。山随帆影转，月逐浪花浮。

横槊苍凉夜，艰危击楫秋。马江呜咽水，何日挽东流？

这次的旅行，是与妻子婚后的首次别离。雅堂多情重义，所到之处，除信函驰报平安外，另有诗寄给筱云。

赤崁城泊晚来潮，乌石山童落木凋。一样秋风吹大地，英雄儿女客魂消。（《三山旅次寄内》）

南江水接北江湖，奈此重瀛隔阻遥。卿在吴头侬楚尾。就中打桨也魂消。

每劳锦注勤加餐，一枕清凉梦亦安。老母婴儿无恙也，朔风吹到客衣寒。（《寄内》）

游罢福州，又留滞厦门，在那里主《鹭江报》笔政。

鼓浪屿在厦门港内。这里本是郑成功曾经屯兵的一个荒岛，但是由于气候宜人，而又多奇花异草，后来便有许多富人在岛山筑别墅隐居；而自从这一年清廷将这个地方辟为租界后，各国领事馆设立起来，许多西方人士也居住在此，小小一个岛屿竟变得像世外桃源一般。

这里有一个"怡园"，园主是林辂存。"怡园"之中有一口鹿泉，相传是当年郑成功拔剑砍地的痕迹。雅堂应邀渡港去造访此园，并与园主畅谈甚欢。他们两人都喜欢吟诗弄文，思想也十分开明前进。他们把酒品茗，从文学谈到国是，从人权问题论及男女平等，愈谈愈投机。辂存并将榕东才女苏宝玉所写的《惜别吟诗集》的稿子拿给雅堂看。雅堂读后大为赞赏，却又感慨于当时我国女权不振，不知埋没了几许女性人才。后来他为这个《惜别吟诗集》写了一篇序，刊载于《鹭江报》。这篇文章，可以说是连雅堂公开发表国是主张的一个开端。其全文如下：

台南连横归自三山，留滞鹭门，访林景商观察于怡园，纵谈人权新说，尤以实行男女平等为义。酒酣气壮，景商出诗稿一卷，云为榕东女士苏宝玉所著，其身世详于乃兄干宝序中。连横读竟而叹曰：中国女权不振，一至于此欤！三纲谬说，锢蔽人心；道德革命，何时出现？夫政治之原，造端夫妇，族制文化，肇立家人。婚姻之礼正，然后家齐、国治而平天下也。晚近士夫倡言保种，推原女学不昌，是诚然矣！虽然，如宝玉者，岂非深于女学者欤？天特厄其遇者何耶？宝玉生于寒门，明诗习礼，因父醉语，误适非夫，时年犹未笄也。向使女权昌炽，人各自由，则早晚专制之异线矣。何至含苦难言，寄托于吟咏间，自写其抑郁牢骚之气？习俗移人，贤者不免，余不为宝玉责，而特罪夫创"父为子纲，夫为妻纲"者之流毒至此也。同此体魄，同此灵魂，男女岂殊种哉？而扶阳抑阴者，谓女子从人者也，奴隶待，牛马畜，生死荣辱，仰息他人，莫敢一破其网牢。若曰此女诚也！此妇道也！猬猬此牙，误守謦言，彼苍苍岂任其咎哉？近者中原志女，大兴妇风，设女学、开女会、演女报者接踵而起，宝玉丁此时势，埋没于荒陬僻坏，不获与吴撷芬、张竹君、薛素琴辈把臂其间，宝玉诚不幸矣！犹幸其能以诗传也。呜呼！中原板荡，国权废失，欲求国国之平等，先求君民之平等；欲求君民之平等，先求男女之平等。洒笔书此，以告景商，并以质天下之有心人也。壬寅冬十月望日，台南连横天纵甫书于鼓浪洞天之下。

这一篇文章虽是为一位女诗人的诗集而写的序，但是，于惜苏宝玉其人之余，竟借题发挥雅堂个人的观点识见——他一方面申张人权，议论男女宜平等，同时还痛恶清廷之腐败，认为专治制度是中国衰弱的一个致命伤。这一点可以从此序文的末语看出。所谓"呜呼！中原板荡，国权废失，欲求国国之平等，先求君民之平等云云"，已是革命的论调。难怪他应乡试策论不第，考官说他"荒唐"。他那些考试卷子虽然已佚，今日无由窥见，但是以此思想心胸，其内容之激越，可想而知；而正因为如此，满清官吏当然是不可能接受他的论调了。

连雅堂究竟是否曾加入革命党与兴中会为会员？中国同盟会为会员？或成为国民党党员？在现在已知的档案中，一时还很难发现具体的资料。不过，从以上引文的言论看来，他的思想至少已经颇为倾向革命党派。此外，他这个时期另有一诗也很值得注意。他有题为"重过怡园晤林景商"七律三首，其末首如下：

拔剑狂歌试鹿泉（自注：鹿泉在怡园内，相传郑延平手凿，景商有铭泐石其旁），延平霸业委荒烟。挥戈再拓田横岛，击楫齐追祖逖船。眼看群雄张国力，心期吾党振民权。西乡月照风犹昨，天下兴亡任仔肩。（三首之三）

诗中所说的"吾党"岂非革命党吗？

国父创兴中会于檀香山，是光绪二十年（公元一八九四）的事情，为订立《马关条约》之前一年。当时连雅堂才十七岁。三四年以后，陈少白曾经来台组织第二个中兴支会于台北（第一支会在日本横滨），而那时雅堂已是二十一岁的青年。他个人又已经历了家难与国难双重不幸，中间也一度曾到厦门、上海等内地；耳闻目击，以他血气方刚之际，对于这一件大事不可能不注意，或者甚至于热血沸腾，感觉兴趣。而国父又于光绪二十六年（一九〇〇）亲自到台北，以台北为基地，指挥惠州起义。这时，雅堂二十三岁，已经成家立业，为《台南新报》汉文部主笔。以一个报人的身份，定必消息灵通。他或许往来南北，与孙中山先生会见也未可知。他后来自号"武公"。为什么要叫做"武公"呢？据他日后对长女夏甸私下说："那孙中山先生，他叫'孙文'；我连横便叫做'武公'。一文一武，各在北南。"这一番话虽自负，但他对国父的十分心仪可见一斑。

在鹭江一带盘桓，不唯交游赏景而已；世局国事，抚今追古，雅堂心中感慨良多，有《鹭江秋感》七律四首，叙述满怀家国之恨：

西风落木鹭门秋，漂泊人如不系舟。家国事多难稳卧，英雄气壮岂长愁？

霸才无主伤王粲，奇相伊人识马周。潦倒且倾村店酒，菊花开到故园不？

登楼遥望海门东，万派商声失断鸿。漂泊风尘看剑老，浮沉身世笑诗雄。

连天雨脚翻涛白，极浦云根射日红。最是悲秋尝作客，伤今吊古恨无穷。

延平霸业久销亡，两岛难将一苇航。西北妖氛传露布，东南大局失云章。

满城风雨思乡泪，匝地干戈吊国殇。入夜笳声吹到枕，梦魂无定赋归乡。

天河万里水横斜，泛海难浮博望槎。边塞征夫弹剑铗，隔江商妇奏琵琶。

琴樽寄兴消豪气，松菊惊秋感岁华。咄咄书空题雁字，倚栏信手数归鸦。

不久，雅堂返归台南。

台湾是连雅堂的故乡。他对这里的一切有一份深厚的感情。虽然，流连厦门、福州一带，他结交了不少开明之士，可以畅论世局大事；可是，每一念及沦陷于异族掌中的这一个孤岛，他的心便隐隐作痛。何况，他还有老母及妻女在这里，虽云男儿志在四方；为人之子、为人之夫、为人之父的责任，却又不由自主地召唤他回到自己的根所在之地。

台湾虽为东南一岛屿，但各地文人雅士并不少，相聚叙谈作诗互勉，成为他们生活中一项颇重要的活动。林朝崧（又称痴仙）和他的侄儿实修、赖绍尧等人在台中雾峰倡始诗社，名为"栎社"。朝崧自我调侃道："吾学非世用，是为弃材；心若死灰，是为朽木。今夫栎，不材之木也，吾以为帜焉。其有采从吾游者，志吾帜。"这个号召之下，参加者有蔡振丰、陈瑚、吕敦礼、陈怀澄、陈锡金等十数人。他们都是台湾中部苗栗、苑里、丰原、鹿港等地人。每逢春秋佳日，会集聚一堂，击钵分笺，颇能酬唱分享其乐。不过，在他们作诗分享其乐的同时，台湾人民的心中其实是有很沉重的抑郁的。尽管个人的才华如何高，家庭怎样优裕，他们都生活在异族统治之下的大环境里，这是他们无法改变的现象。

日本人占领台湾后，一方面是想把这一个岛上的居民奴化，使风俗习惯逐渐日本化；另一方面，则有计划地摧毁我国文物，使中华民族的传统精神逐渐褪去，所以他们对于历史古迹，一任其荒废，而不肯加以修护。

台南的"五妃庙"，原来是纪念明朝宁靖王术桂的五位妃子袁氏、王氏、荷姑、梅姑、秀姐殉国殉王而建造，而将沦为废墟。雅堂身为台南人，不忍心见其如此，便发动乡里人士，共同出资营修。营修完工后，并率领众人奉殇致祭。这天，正是五妃从死的日子，在场的人士莫不感动落泪。为了纪念这件事，连雅堂并撰写了一篇《重修五妃庙记》：

呜呼！天下死节多矣，而五妃独以国死，岂如匹夫匹妇之为谅哉！当清师之下澎湖也，郑氏君臣奉表降，宁靖王术桂自以天潢贵胄，义不可辱，从容就节，而五妃亦相从以死。台人哀之，葬诸宁南之桂子山，并立庙以祀，则今之累然在墓者也。改隶之后，栋折榱崩，日就荒废。余过而伤之，乃谋诸同志，鸠工治材，以张子苏园董其事。既成，奉觞致祭，众皆感动，则五妃从死之日也。嗟夫！湘江帝子，望断君山，蜀国枭姬，魂沉吴水；况以五妃之殉国、殉王，而可任之湮灭哉！青榕长在，彤管流芳，后之过者，其亦有感于国破家亡之恸，则五妃之灵犹在其上矣！癸卯夏六月二十有五日，台南连横记。

借古以喻今，文中所谓"青榕长在，彤管流芳，后之过者，其亦有感于国破家亡之恸，则五妃之灵犹在其上矣！"这不就是雅堂自己的感慨？不就是所有与他相同处境下的台湾人民的感慨吗？

光绪三十年（一九〇四），是很值得纪念的一年。如多年前连雅堂所料——这是他根据读史的知识及分析时势所得的判断——日本与俄国之间果然爆发了战争。日本与俄国，是中国的两个邻近野心之国。这次战争虽是他们二国的事情，但中国地处其间，何况旅顺之役、奉天之战，都是在我国领地展开的战争，财物生命的损丧，自是难免，但是满清政府的衰弱，却又无可如何，真正所谓"人为刀俎，我为鱼肉"了。

但是，这一年对于雅堂和筱云夫妇而言，则又是一个可喜之年。春天他们获得了一个男婴。

虽然，连雅堂的思想极开明前进，他又力主男女平等，本来生儿生女，都是一样可喜；不过，究竟他们夫妇之间已经有了两个女儿，如今再添生一个儿子，总是上天的恩赐。至于筱云，身为连家的媳妇，结婚七年始举一男；在那个古老观念和大家庭制度下，更是一大安慰，感觉如释重负，尤其兴奋。

这个婴儿生得眉目清秀，酷似父亲，且又十分伶俐，与众不同。那时虽然时局紧张，整个东亚弥漫着火药气味，这个男婴竟挑选了这样一个不同凡响的时刻，惊天动地诞生在连氏家门内。但愿他来日能在惊涛骇浪的人生旅途上，做一个堂堂正正的男子汉大丈夫！为着纪念这个诞生时间，他们为他命名"震东"。

筱云的父亲，自从四年前痛丧长子少鹤后，心中始终闷闷不乐；如今，他看到最钟爱的女儿为自己生产了第一个外孙，内心的欣悦，也不在连氏族人之下。这一年的春天，他忽然想到返归故乡安溪，去展修祖先的坟墓。但是，没有想到途次厦门，竟病笃。德墨的妻子王氏得悉后，焦虑得寝食难安，遂由雅堂陪同岳母渡海省亲。雅堂为人重情义，在沈少鹤去世时，他在祭文中曾提及："君之父母，即余之父母。"而今他真的实现了此语。

过了一个月以后，老人家的病情总算稳定下来。于是，三个人乘船返台。

可是，等待着老弱的德墨的，竟是一个不幸的消息。他的幼子，没有多久就夭折了。他已经丧失了长子与幼儿，而自己又体弱多病，遂不顾一切，令雅堂和筱云主持其事，给次子娶了一个新娘。

经过这一阵子的家事纷乱，连雅堂多方奔波，几乎无暇顾及自己的事情；现在，事情仿佛告了一个段落，不由得会静坐沉思。

日俄之战方酣。战场在中国的土地上，双方枪炮互攻，又不知道牺牲了多少中国老百姓的生命财物，而中国人竟连抗议的余地都没有。这是为什么？一切都是由于清廷的腐败，政治不修明，遂致任人宰割！热血男儿岂能坐视无动于衷。可是，身在日本人控制之下的台湾是无可如何的，言论行动都不可能有自由。书生报国，唯有赖一支犀利的笔，但这支笔偏偏不幸在自己的故乡台湾是无由任意挥动。于是，他想到了海峡对岸的厦门。厦门，是雅堂前此曾经走动过三次的地方。两年前在那里，他主《鹭江报》笔政，人头熟，交游广，是一个谋求新发展的理想地方。何况，厦门话与台湾话十分接近，对于家

五 吾党吾国

人来讲也颇为方便。

不过,他倒是还有一个顾虑;不是别的,正是甫作三个孩子母亲的妻子筱云。她正在灯下安详地一针针地绣她的花卉图湘绣。三十岁刚刚出头的这个妇人,看来是这样娇小秀丽。身为沈府的女儿,她从小受惯周遭的呵护关怀;嫁后,不论住在连府,或归宁娘家,一直都受着千金小姐的款待。像温室成长的小花一朵,她从来也不知道外面的世界——那烈日、狂风以及暴雨。留着她和三个孩子在这里,自己恐怕是安不下心创业的;可是,带她走嘛,这一朵娇弱的小花,如何让她骤然暴露于残酷的现实世界呢?看她那一双小脚,看她那一双细致的小手,教她如何在狂风暴雨里支撑得住呢?雅堂不禁推开案头的书长叹息。

"咦?你在叹息什么呢?"筱云这才意识到丈夫似乎心事重重的样子。

"我在想——"

"想什么心事呀?"

"如果,如果我们——我是说,你,三个孩子和我,我们如果去厦门住,你会反对吗?"

"厦门?去厦门住做什么呢?"

"我想去那儿办一个报社。"

"你不是在这里做报社的主笔,做得好好的吗?"

"可是,时局变了,情况不一样。在此地,我没法子随心所欲写我心我口……"于是,他将自己的看法和计划仔仔细细解说给筱云听。

筱云不再刺绣了。她睁大那一双明亮的眼睛注意听,表情很认真。过了一会儿后,她用坚定的口吻说:"好,我们去厦门住!"

就这样子,连雅堂带着妻子儿女,取道台北,由淡水乘船内渡。

"福建日日新闻"——这是雅堂与同乡蔡佩香等人筹资合办的一个新报社。筱云不仅在精神上支持她的丈夫,她并且在实际的行动方面,甚至于金钱方面也支持他。因为她明了这是她的丈夫理想怀抱之所寄托。

但是平静的日子过不了多久,一个不幸的消息由海外而来。筱云的父亲沈德墨过世了。

筱云哀痛欲绝!带了儿女先赶回故乡奔丧。雅堂于稍后交代报社事务后,也急忙回来。

宽敞的沈府,在主人逝去后,更显得空洞寂寥。

短短数年之间,长子、幼儿、屋主相继亡去。这一个家庭,眼看着就要溃散没落了。筱云茫然地睁着泪水已干涸的双眼,看看这个曾经光彩热闹的屋宇。从最前面的正厅望过去,五进的大楼,一进深似一进,一进暗过一进。而今看来,竟然有些阴森森而陌生的恐怖气氛。少女时代的生活,一幕一幕历历如在眼前。父亲的慈祥和宠爱,也犹如昨日今日之事一般……

然而,父亲呢?父亲啊!他僵直地躺在那儿。

人生就是如此吗?生、老、病、死;悲、欢、哀、乐。

这一切,还多亏沈府的女婿连雅堂的冷静和独立支撑,指挥大大小小诸章节。总算把一切该办的后事都办理妥善了。沈老先生待自己如亲子,而自己也一向敬重亲爱他如亲父。"君之父母,即余之父母",这是自己在少鹤过世时默许于心的。是的,君之家庭,即余之家庭。这也是雅堂对妻子筱云默许于心的话。

五 吾党吾国

六 心声新声

雅堂与志同道合的台籍人士在厦门创办《福建日日新闻》，其最大目的，是要主持公道，为国是人权伸张正义。

当时正值国父领导国民革命的初期。连雅堂以一支犀利的笔杆，极尽书生报国之志。生为台湾人，他对于腐败的清廷有格外的愤恨，所以他的文章总是充满激烈的排满言论。这一份报纸虽是私人筹资组成，可是透过热心人士的介绍，它却销售到南洋一带，普遍受广大华侨的爱读。因为身处国外的人，格外需要一个强大的祖国。然而，祖国啊，祖国，竟是这样一个死气沉沉的祖国！革命的思潮正在海外澎湃。《福建日日新闻》肆不忌惮的言论正是许多海外人的心声，所以它才会在短短的期限内广受南洋华侨社会的注意。

南洋的中国同盟会人士阅读这份报纸后大喜，从新加坡特派李竹痴到厦门，希望将这个《福建日日新闻》改为中国同盟会的机关报。

然而，就在这个时候，《福建日日新闻》却因为立论激烈，遭受官方的注目，而危机四伏；雅堂个人更成为他们所注意的核心人物。

有一回，雅堂正在理发，清吏暗派人到理发店，要来逮捕他。幸而，有人通风报信，他顾不得头发才理了一半，匆匆躲开，才避开危险。

六 心声新声

报社开设在厦门，但是连雅堂和他的家人是借住在一水之隔的鼓浪屿一位牧师的家里，所以他每天得渡船往返于家和工作的地方。他是一个做事仔细谨慎的人，除非有特别的事故，每天必准时上下班，风雨无阻。一天，他像往常一般，想离家前往厦门的报社。忽见一个男人气喘喘地跑进来，上气不接下气地告诉他：

"连先生，你不要出去，不要出去……"

"咦，怎么回事？为什么不可以出去。"

"今天不能出去。"

"到底是什么事情呀。你别慌，慢慢地说给我听。"

"不好啦。有个人躲在渡头的苇草里……那人手里有一支手枪。你上船就没命啦。"

原来，清政府方面，一不做二不休，竟出此暗杀之下策。最后，清廷又向驻厦门日本领事馆抗议，于是，前后不到一年工夫，这个颇具深意普受爱国志士欢迎的私人报社，也就只好关闭了。

一个理想，因为外在的压力和内部的隐忧，不得不中途辍止。合股投资各人将印刷机器廉价售让，所得微不足道，远不及这一段时间里的投资开销。然而，他们果真无所得吗？有形的金钱所得是负数；但无形的精神力量却是极大的，否则清政府也不会恐惧、阻挠，乃至下令关闭。这一点，是颇值得告慰的。

这个报社既然停刊，连雅堂只得携眷返乡。回首去年来时的雄心壮志，不能不感慨系之。他有《留别林景商》七绝四首：

举杯看剑快论文，旗鼓相当共策勋。如此江山如此恨，不堪回首北遥云。

沧海横波幻蜃楼，天风无力送归舟。留将一幅英雄泪，洒向元黄四百州。

环球惨淡起腥风，热血滂沱洒地红。到此乾坤无净土，且提长剑倚崆峒。

合群作气挽洪钧，保种兴王起劫尘。我辈头颅原不惜，共磨热力事维新。

满腔的热血，溢乎字里行间。然而，连雅堂绝不是一个容易遇挫折便气馁的人。他有足够的决心与勇气，跌倒了再站起来。在《携眷归乡留别厦中诸友》诗中，他表现得十分清楚：

苏海韩潮涌大观，三年报界起波澜。文能惊世心原壮，力可回天事岂难！
地上云深龙战血，空中风劲鹫伤翰。他时卷土重来日，痛饮高歌鼓浪山。

厦门与鼓浪屿，地处中国南海之滨，昔日苏东坡谪居黄州、韩愈也曾被贬潮州。古今文人不如意的例子很多，但是，有抱负有骨气的文人，却都不会因为一时的挫折而倒下去，这一点倒是"赖古多此贤"了。

回到台南后，《台南新报》仍然欢迎连雅堂，于是，他再度主持该报的汉文部。

重回到故乡，重回到旧日的工作岗位；然而每一念及鼓浪屿之居，厦门的报人生活，心中难免思潮澎湃。岁已近尾，对着孤灯孤影，雅堂写下了一首诗《丙午除夕书感》：

六载混溟握笔权，又从鹭岛筑文坛。漫谈天演论成败，一例人生孰苦欢。

君子乘时能豹变，英雄末路且龙蟠。年华如水心如火，弹指风光岁已阑。

这一年，雅堂二十九岁。从他前后这几首诗看来，他忧国忧民，血脉贲张，是一位十足的热血男儿。而他周遭的朋友也都深知这位台南的才子绝非泛泛之辈，林朝崧尤其慧眼识英雄，他有《赠连雅堂》七律二首：

伊川被发久为戎，望绝英雄草莽中；革命空谈华盛顿，招魂难起郑成功。

霸才无主谁青眼，诗卷哀时有变风；击碎唾壶歌当哭，知君应不为途穷。

才华纵横策治安，江湖沦落一儒冠；神交数载凭文字，晤语移时吐胆肝。

热血少年消耗易，颓风故国挽回难；愿君好继龙门史，藏向名山后代看。

为什么第二首的末联说:"愿君好继龙门史,藏向名山后代看"呢?作者在诗后附有注脚:"君将著台湾通史,故云。"

史记《太史公自序》里有一段文字,记述司马谈临终时执其子司马迁之手,告以:"孝始于事亲,中于事君,终于立身。扬名于后世,以显父母,此孝之大者。"云云,并盼司马迁能继承其志著史立论。迁俯首而流涕曰:"小子不敏,请悉论先人所次旧闻,弗敢阙。"后来司马迁虽因李陵之故而受连累,有宫刑之辱,终于完成名垂千古的巨著《太史公书》——《史记》。雅堂少年时,他的父亲每以古代忠孝节义的故事勉励他们兄弟。后来又重金购得《台湾府志》授予他,说:"汝为台湾人,不可不知台湾事。"当他览阅后,便对其疏略深感遗憾,私心许下宏愿要修撰一部比较完备的台湾历史。其后,经过《马关条约》割让之痛,他更觉悟到这个志愿非完成不可,否则后代子孙在异族奴化控制之下,将无由明了历史的真相;何况,"史者,民族之精神,人群之龟鉴",通过著史的工作,他要昭示他的同胞:台湾原本是中国的一部分,台湾人永远是堂堂的中国人。

这个意愿虽然一直盘旋在他心头;但这些年来,太多眼前现实的大风巨浪,使他无暇静坐修史。不过,他振笔疾书,谈论国是之余,仍不忘以著史为己任,所以一方面搜集史料;一方面且博览中外史籍,以为他日后撰述的借镜;同时,每有所得,辄投之箧中,以待来日之整理。

早在雅堂二十岁的时候,他第一次从大陆返归台南故里,便与里人十人共组一个风雅的"浪吟诗社"。与会人士之中,雅堂的年纪较少,而体质较弱,因此他曾经于酒酣之余戏谓诸友道:"假如我不

六 心声新声

先填沟壑的话，将来定当为诸公作佳传。"这种话只是一时的醉语而已，说者及听者都没有把它放在心上；谁知十年之后，再度归自厦门，而年长之辈相继去世，社友零落，令人鼻酸感慨。

于是，雅堂发起重振这个诗社，与故人陈渭川登高一呼，闻风响应者有赵镜麒、谢石秋、邹小奇、杨宜绿等十余人，而诗社的名称也由原来的"浪吟诗社"更改为"南社"。所谓"南社"，是为与稍前在台中组成的"栎社"抗衡而命名的。

由林朝崧所领导的台中"栎社"成立于一九零六年三月四日。"栎社"的规则，多达十七条。其中最重要的宗旨为：以风雅道义相切磋，以实学致用相勉励，以期达到亲密情谊和交换知识。他们编成了社友名录，记下各社友的住所、姓名及年龄。成立之初，热烈空前，持续三昼夜，作击钵吟多题，充分表现了诗人的风流浪漫。

连雅堂为台南人，岂甘落中部雅士之后，遂有此由"浪吟诗社"改组的"南社"，以抗衡稍早在北部的台中派"栎社"。

"栎社"与"南社"，这两个诗人的风雅组织，一个设在台中，一个设在台南，各网罗了当时台湾中、南部的著名骚人墨客，也算得上是文坛上的一盛事。

三十岁，在一个人的生命史上，正是充满光明与活力的时期。三十岁的连雅堂，虽然他清癯的身体比较单薄多病，然而精力一向旺盛。他办报的目的，在透过大众传播媒介，给自己的同胞注入一种爱国思想；他计划著史，也基于同样的理由；但是，除此之外，在他血液之中，又流着一股诗人的浪漫热情。他喜欢结交志趣相投的朋友，与他们高谈阔论，通宵达旦，不知东方之既白。

这一年的夏天，雅堂去了一趟台中，认识了谢道隆。

谢道隆，是台中丰原人；也是丘逢甲的表兄。当年"台湾民主国"抗日最激烈的时候，他曾纠合乡人，从旁协助丘逢甲抗拒日军；后来事败，便转以医术救治人，凡有贫困的病人，他都义务为之诊治。这个人不但古道热肠，而且也能诗文。曾作《割台》诗一首，颇见悲愤沉痛之情：

和议书成走达官，中原王气已凋残。牛皮地割毛难属，虎尾溪流血未干。

傍釜游鱼愁火热，惊弓归鸟怯巢寒。苍茫故国施新政，挟策何人上治安。

连雅堂与谢道隆一见如故，畅谈甚为愉快。后来，他每次与此人见面，总是畅论时事，辄有髀肉复生之感。

由于北来台中，辗转由林朝崧等中部的诗人居中介绍，雅堂与"栎社"的诗人，以及中部许多知名之士，多所认识。虽然大家志同道合，有时个人的文学见解亦会有出入；为此甚且有争论互相抬杠之事。

从台中返归台南后，连雅堂曾经在他所任职的《台南新报》发表对台湾诗界的革新论。他在文中指出，诗应该有文艺的严肃的面貌，而不应以为雕虫小技；更不可视同娱乐。他认为当时为诗者虽众，但许多诗人的作品多属击钵吟。所谓击钵吟，乃指文人相聚，竞争敏捷之诗才而为的吟咏。典故出于《南史·王僧孺传》：据说梁代的萧文琰在一次宴会中，击响铜钵而立韵；限定于响灭之前成诗。在这种情况之下，大家逞能斗才，如何会有真挚动感人的作品出现？所以雅堂批评当时的诗界：他认为击钵吟严格说起来，算不得诗，良朋小集，刻烛摊笺，斗捷争奇以咏佳夕，偶一戏为之是可以的，但如果经常这样，便不足取了；因为在这种场合之下写出来的诗，虽工藻缋，亦不过土苴而已。他忧虑台湾的诗界若是长此以往，诗格将日愈卑下，实在不堪设想。他并指出，"为诗当大处着笔，而后可歌可颂"。

他这一番话，语重心长，态度亦可谓正确。但是，由于甫归自台中，恐有影射中部诗坛之嫌，所以引起了中部诗人的反感。先是由台中《台湾新闻》的记者陈瑚——此人系"栎社"中坚分子之一，著论相驳；后来，有几位"栎社"的同人也为文助阵。

雅堂的外形看起来清癯斯文，但是他的个性却相当刚强，尤其于学术理论，更是当仁不让，所以南、北双方，尔来吾往，展开了一场文艺的笔战，大家愈说愈激烈，互不相让，长达旬日。这件事情十分热闹，震动南、北文坛。最后，由林朝崧出面调解，才收旗偃鼓告一段落。

不过，在原则上，他们所争论的是文学艺术观，对事不对人，所以并无妨于日后的友谊。大家胸襟宽大，也就一时传为文坛佳话了。

后来，雅堂有一首《柬林痴仙并视台中诸友》诗，便提到此事（痴仙，为林朝崧号）：

诗界当初唱革新，文坛鏖战过兼旬。周秦以下无余子，欧美之间见几人。

廿纪风潮翻地轴，千秋事业任天民。劫残国粹相谋保，尼父春秋痛获麟。

而他的友人林馨兰也有《读诗界革新议及后等书》一首五古：

诗以理性情，温厚其本旨；雅颂变风骚，非自今日始。
不期然而然，莫之致而至；此中盖有天，岂尽如人意。
何期中南报，论诗昧此意；聚讼日纷纭，凌韩复铄李。
肆口漫雌黄，往来极丑诋；直是相骂书，无怪识者鄙！
方今新世界，文明被遐迩；言论贵自由，人各行其志。
不必强而同，截足适其履；某也遁世人，狂言妄评拟；
雅堂过于纵，沧玉近乎泥；痴仙与南溟，各有所偏倚。
惟有陈瘦云，折衷为一是；愿各整我军，愿各张我帜。
子云与相如，同工异曲耳；自反各三思，请无复尔尔。

诗中所称"中、南报"，是指台中的报纸《台湾新闻》及台南的报纸《台南新报》。为当时的人对此二报的简称。代表着台南地区的连雅堂在《台南新报》撰文评论，中部地区的"栎社"同人陈瑚等人则在《台湾新闻》反击。难怪会出现如同和事佬似的这篇长诗了。

七 遍地史迹无人识

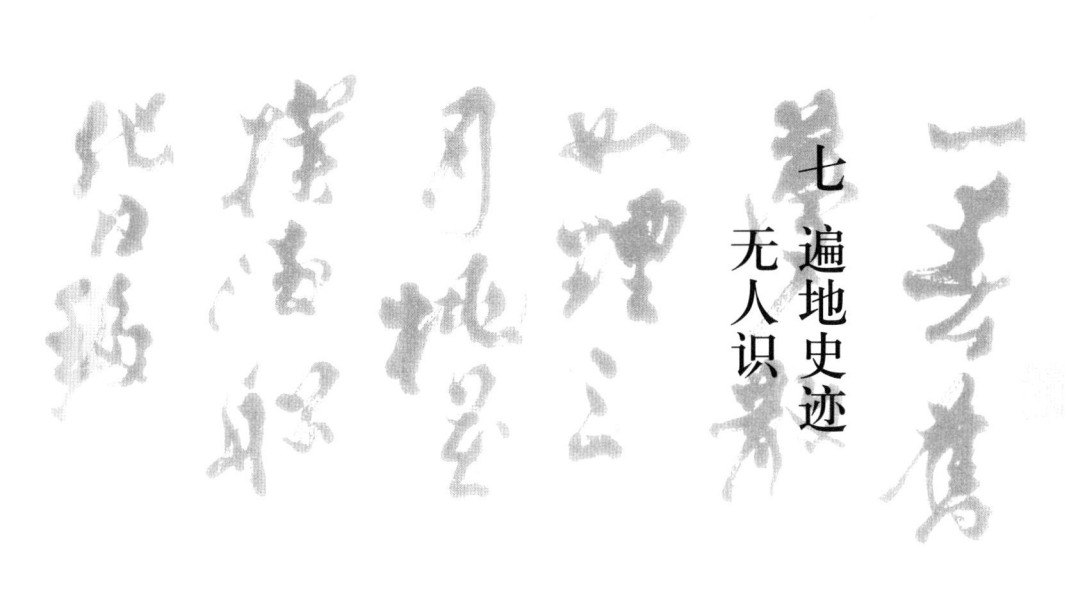

光绪三十四年（一九〇八）的春天，连雅堂一家人离开了台南，移居于台中。是由于雅堂接受了台中的《台湾新闻社》汉文部主笔一职的关系。

他们一家人应邀住在雾峰富贾林资镳的别墅——"瑞轩"里面。"瑞轩"在东大墩之麓，环境幽静，是一处适合文人吟诗读书的地方；这一点，可以从雅堂自己写的文章《瑞轩记》看出：

天下多佳山水，而当前景象，约漠置之，好奇之士辄求之数千百里外，以快其壮游。岂人性之厌常而喜异者哉？余既寓瑞轩，客之游者皆言山水之佳，而余亦约漠置之。旦而起，宵而寐，日而啸傲其中，固不知其何以佳也。

瑞轩在东大墩之麓，清溪一曲，老柳数行，有人设肆卖酒。林瑞腾公子以千金买之，拓其旁为园，植花木，建亭榭，引水为池，种荷其中。仰视东南，则鹳峰九十环拱若屏，而群山之上下起伏者又不可计数。公子雅好客，暇则觞咏于是，而瑞轩之名遂闻于南北。

夫十室之邑，必有忠信，十步之内，必有芳草；而王公大人之求才者，辄求之数千里外，以博其好士之心，士之出入左右者，约漠之。士岂自炫而求用哉？而王公大人之求士，又不能识其真；则士亦终隐其才而已。萧何识韩信于败军之中，荐之沛公不能用。及何夜追信，力举其才，沛公乃拜为大将，而信之功名显于汉。今天下之士犹信也，而识士者无萧何，用士者无沛公，则士之功名何以显？夫瑞轩之山水犹昔也，得公子而启发之，得游者而润色之，又得余之文章而扬之于世，则瑞轩之名足千古，而居瑞轩者亦足以千古乎？则亦终隐其才而与佳山水为徒也已！

这篇文章，以山水与人事相比；认为人世间往往英雄当前而不知惜其才，唯有贤者能识英雄；而英雄亦唯有借贤主以扬功名；山水也是如此，若非有人能欣赏，为文传颂，也就终将隐没无人知。文章结尾处，举刘邦因萧何推荐而使韩信显功名的故事，作者俨然有自比沛公的意思；这乃是文人之狂傲。今人谓新闻记者为"无冕之王"，由此看来，雅堂为文，欣喜自信之余，竟以自封王公了！

在这样一个美好的居住环境中，雅堂一家人都感到十分舒适。他们这次也从沈府带来了当年筱云陪嫁的丫鬟，另外还有一个女佣帮助打扫和厨房的工作。长女夏甸和次女春台都已届入学龄，便在附近的公学校读书；儿子震东尚幼，所以由筱云和丫鬟照料着，在这宽敞的屋宇庭园之中悠闲地过日子。

至于雅堂自己，这个地方就像是陶潜诗中所说"结庐在人境，而无车马喧"，不着一点尘俗味。他平日除了仍旧跟在台南时一般，按时上下班外，余下来的时间，多数待在家里，读史赋诗；在览阅书籍或寻找灵感的时候，他喜欢在书房点上一支香，泗上一壶茶，有时也吸几口水烟。在不妨碍丈夫读书写文章的时间，筱云也常常会来到书房里，夫妻相对吸烟闲谈。日子看来是平淡的，但是，他们都安于过这种平淡的生活，因为这里面有一股温馨幸福的滋味。

在这一段时间里面，他的阅读范围，以史籍最多。因为他著史的工作已在积极地计划筹备了。从台南，他自己花费达十余年的资料也都小心翼翼地搬运到台中来。然而，一旦要着手撰著，又觉得须先参看别人如何写法？有关我国的旧史，如《春秋》、《左传》、《史记》等；他从幼年时便已熟读；而今，他除了我们自己的历史书籍以外，尚须旁涉及外国的史书，然后方能把握更正确的方向，而不为传说所泥。

有时读史，亦难免引起他对眼前现实的悲愤之情，而为诗以宣泄衷心。他有《冬夜读史有感》二十首七律，所记的都是慷慨激昂之词。有序文可以想见内容之一斑：

满人宅夏二百六十年矣，国政纷纭，民愤磅礴，内讧外侮，昔昔交并。革命之镜，已喧湘赣，物极则反，天道何常。纵观时事，追念前尘，心跃血涌，茹之欲出，率赋廿章，质诸观者。

另有《读西史有感》三十七首七绝，以及《咏史》一百三十首五绝。前者纵横谈论古今西方历史之成败得失；后者则每首以一个人物为吟咏的对象，有外国历史人物，如卢梭、拿破仑、纳尔逊、达尔文、丰臣秀吉等；也有我国历史人物，如秦王政、吕后、曹大家、司马迁、文天祥、李鸿章等，包括政治家、史学家、文学家及民族英雄等各类型男女。

自从迁居于"瑞轩"后，台中一带的骚人墨客莫不乐于过从相访。在来往的人当中，有许多是"栎社"的社友；虽然雅堂和他们不久以前才展开一场激烈的笔战，毕竟都是基于对文艺的爱好，如今事过境迁，大家握手言欢，尽弃前嫌，反倒是"不打不相识"，变成了好朋友。他们知道连雅堂移居于台中，主《台湾新闻》的汉文部，便时常到"瑞轩"来，并且，有时还借这个地方作为聚会之场所。"瑞轩"的景致本来是不错的，但是由于连雅堂下榻于此，而变成文人雅聚的地方，竟以此名闻遐迩。这样说来，前面所引"瑞轩记"之文字，虽然稍嫌狂放，倒也离真相不远了。

这一年的秋天，连雅堂忽兴东游之念。

他这次到日本，居于神户，时间只有短短一个多月。到底因何而去？只是单纯为了欣赏异地的风光？还是另有其他目的？因为此行无甚诗文留下，所以不容易看出端倪；不过，在后来他所写的《大陆游记》里，有一段追叙此行的文字：

戊申（即光绪三十四年，一九〇八）之秋，余曾东游，居神户者月余，故其地之山水名胜，爪痕尚犹可寻也……

神户多故人，闻余至，辄来访。或相约至福建会馆，纵谈时事，每至夜阑始罢。神户为通商大埠，彰、泉人贾于此者，饶有声势。是时福建省议会将开，定选侨商议员十二名，以与国政。而东洋应选一名，众以神户为适中之地，乃集横滨、大阪、长崎之人士，开会于福建会馆。余莅会演说，先述中国改革之大势，及此后所以经营福建之策，众多感动。越日开匦，投票者七十人，而余得五十八票，为中选。然余以行程已定，辞不就。

《大陆游记》此段文字所记述的是，民国元年，雅堂赴大陆，取道日本的事情。从文中，可看到他在神户一带，得侨胞敬重与爱戴的情形。尤其是以绝大多数的票数中选为东洋区侨商议员，这个事实，固然是他那次的演讲内容深刻而充实感人，恐怕也与四年前旅行神户月余有关。

事实上，在他首次前赴神户的时候，"栎社"创始人之一的赖绍尧有一首《送雅堂游京滨》诗，为他饯行的诗：

元瑜才调自翩翩，书剑飘零十五年；历劫叹丁阳百六，壮怀初试水三千。

秋风匹马神山路，落日孤舟瘴海烟。此去访求燕赵士，莫因徐福便求仙！

从这首诗的末尾两句看来，至少，在赖绍尧的心目中，连雅堂之赴日，不像是一种普通的旅游而已，却是有更重大的意义，甚至于有某种使命也未可知。

前面曾提到，雅堂在二十五岁前后，或者已加入孙中山先生的兴中会革命党，但是，当时革命尚未成功，这种组织的行动，以及党员的身份，当然得要格外小心保密才行。故而，他此度赴日，或者竟是借游览之表面行为，实则去参加在日本的革命计划也未可知；因为，神户乃是当时海外革命志士的一个据点，国父每次到日本，也都在神户与当地华侨志士联络商议的。

不过，在居住神户的这一个多月期间，喜爱山水佳景的雅堂，自然也不会放过欣赏异邦景物的良机了。

自日本返台后，连雅堂真正开始了撰写《台湾通史》的工作。

先此，为了写《埔里社志》，他曾经亲游埔里，考察其地之历史及环境。这一篇文章约有万余字，原为《台湾通史》地理志的第十篇，可是由于后来地理志删去，所以这篇《埔里社志》也就没有收入（今收于台湾文献丛刊新编第一种，郑喜夫撰《雅堂先生集外集》专著之书）。

在连雅堂一开始拟目录的时候，他的脑中始终不能忘怀幼年时期读《台湾府志》的印象，他始终觉得那本《台湾府志》过于简略，自己应该将其遗缺补充完备，所以他的篇目也就颇为接近志书，分有十五目，且都以志为名，计为：地理志、种族志、沿革志、政治志、军备志、财赋志、教育志、文学志、礼俗志、交通志、产业志、外交志、民变志、番务志、以及人物志。这与后来刊行的《台湾通史》并不相同。现行的刊本分为纪、志、列传，后面并附表目，则是改踵《太史公书》而参酌《汉书》的体例；也就是我国传统正史的写法。在《埔里社志》的原稿后面，有几句业经涂去的字，很值得注意："若夫改革之后，事变之多，则俟之后篇。"这样看来，连雅堂在起初撰写《台湾通史》的时候，便决定暂先以乙未日本占据台湾作为断代；同时，似乎又在当时便有撰写续篇的意思了。不久，赵石云为《埔里社志》写了一篇序：

> 连子雅棠（雅堂一作雅棠，友辈多书此），吾乡之闻人也，英年骏发，抗志古今，举其全副精神以著台湾通史。顾台湾草昧初辟，文献无征，雅棠独为其难，坚持毅力，寝馈于兹，无一日懈。其功业早成八九，而埔里以南其一也。夫埔里社岂非台湾一宝藏哉？又岂非

世外一桃源哉？自孙鲁剿抚土番以来，有司屡入其奥，竟视为偏隅荒秽，长委之于汉蕃争据，匪贼逋藏之区，迨邓传安倡开凿之议，姚莹为八事之陈，史密有捐垦之请，刘韵珂上利弊之疏；官斯土者非无其才也，而卒格于昧几之上，议而不得行。呜呼！清代之不振，大率如斯也。至以封禁社外人之觊觎，尤愚且漏之甚者。厥后虽有沈文肃创建其功，而开其先者无以善其后，可胜叹哉！雅棠之为此志，其亦有微意也夫！后之读者而有尺寸之柄，请无负雅棠之心也可。

这篇序文，可谓深得作者心意。连雅堂能有知己，是他的幸运；但是，这又须从另一方面来说，由于他自己为人诚恳宽厚，所以他才能所到之处都结交到知心的朋友。在台南时如此，在厦门期间如此，而今迁居来台中，他也结交到一些可以推心置腹的好友。

林朝崧是当时台湾中部的一位豪士，也是"栎社"的中坚人物。他嗜酒好客，春秋佳日，辄开大会，招待南北友朋，而每饮必醉，走笔为诗，放声朗诵。他的诗每一篇出，众人争抄，不数日便全台写遍。远在雅堂居住台南时期，他们二人便已彼此心仪钦慕，每每借诗文酬酢增进友谊；现在雅堂已寓居台中，遂有更多晤对的机会，几乎相隔不到十天，便有文酒之燕，痛快谈论。朝崧对雅堂的诗文最是喜爱，虽然每次饮酒，必陶然醉倒，有一次，却十分认真地对雅堂说："吾辈论交，当为生死之友，次为道义之友，次文字之友，最下乃势利尔。"而以雅堂之为人，上面的三种朋友，他都有；惟独势利之交，是决不容许的。

除林朝崧而外，他这时期也认识了赖绍尧。绍尧当时主持中部这个最主要的诗坛"栎社"，鼓吹风骚。他对雅堂的文学造诣，也十分欣赏。借文字沟通，他们二人竟然有若骨肉手足一般深厚的友爱了。

由于连雅堂与"栎社"诗人来往频仍，而他自己因迁居台中的关系，与台南"南社"的联络，无形之中反而未若与此地"栎社"的密切，中部诗人一致认为应该邀请这位台南才子入会；从此，他成了"南社"与"栎社"这两个南部与中部二大主要诗人组织的会员，而无论在"南社"或"栎社"里头，连雅堂都是极杰出且受人爱戴的一员。不过，由于身居台中的关系，实际参与"栎社"的诗酒雅叙的机会，自然较多；同时，由于他当时寓居的"瑞轩"，宽敞幽静，且主人好客，所以经常成为"栎社"社友会聚的地方。他们不仅有定期性的聚会，每逢春秋佳日，又有数不尽的赏游，有时也邀请会员以外的特别来宾，如中部一带的官方人士等。

这一段时间，真可谓"栎社"的鼎盛时期，社友人数经常都在二十数人左右，斗诗逗文，互比才华，亦莫过于此时。而且，每每合影以资留念。他们所咏歌的题材范围，虽然多数不外乎吟风弄月，咏歌花草，却也因为写作热烈，颇能刺激诗坛，而使中原文化，借以保持，不致断绝。

虽然，雅堂已与家人迁居台中，但身为台南人，他对于台南事仍无时无刻不注意眷念。宣统元年（一九〇九），日本人想要修建台南市区，便将原来比较落伍而狭窄的竹子街、武馆街、帽仔街、十三铺及大井头街等拓宽，改为一大路，由于大井正阻碍了这个拓路计划，因此建议把它填平。据《稗海纪游》引明《会典》，谓太监王三保舟下西洋，取水赤崁，便是此井。雅堂一向最重视历史古迹，他听到这个消息后，大不以为然，立刻撰文抗议，刊登在他以前所任职的《台南新报》。他这一篇爱护乡里史迹的文章，终于引起官方及绅士注意，大井才幸免于填土之难。

"护井"这件事，和他以前发动里人修建"五妃庙"一样，表面上看来，只是维护历史遗迹而已，其实，潜伏在这两件事背后的，实在是雅堂爱国保种的深刻用意。当时，日本人借整建开新的名目，实际上是有计划地一点一点摧毁台湾岛上所遗留的中土文化遗迹，以达到他们彻底奴化台胞，使台湾人民忘却自己的所自来。雅堂洞悉这一层，所以他处处要以中原文物之保存者自居，不顾一切挺身而出。他在消极的方面，做"护井"一类的书面抗议；而在积极的方面，遂有修庙一类的实际行动。

宣统三年（一九一一）——即辛亥革命那一年，三月二十八日，梁启超偕其长女令娴，与粤人汤叡，从日本神户抵达基隆。这在当时是一件大事情，台湾绅士前往基隆欢迎者甚多。由林献堂邀约甘得中及连雅堂，陪同梁氏一行人自基隆乘火车到台北。

梁启超此度来台，轰动全岛，台湾同胞特为这位久仰的人物在台北的东荟芳旗亭大摆宴席款待。当天参加者多达百余人。这个事实表示台湾人仍然与大陆关系密切，割地的现实问题，并无碍于人心的向往；对此，日本政府亦无可如何，只有采取消极的态度。当天的盛会，日本官民无一人参加，他们还派了侦探特务四处埋伏，以防万一。盛大的欢迎会开始时，首先由林献堂致辞，代表全台同胞欢迎梁氏的热忱；接着，由梁启超起来致谢词，他并且同时发表了一个小时的演讲；不过，由于这个会始终在日本人的严密戒备之下进行，所以梁氏也十分谨慎，演说的内容虽然深刻，但在表面上却辞意委婉，若非仔细体味，是不容易了悟其意的。

后来，梁启超又在一行人陪同之下，乘火车赴台中。"栎社"的社友在"瑞轩"开欢迎会,到场的主客共三十余人,诗酒雅聚,也算得是中部文坛上一大盛事了。

林献堂是雾峰望族,林氏的"莱园"为中部一盛景。园在雾峰之麓,依山结构,合抱地势,占地大约三十亩。园内不仅花木扶疏,泉石幽邃,且亭台楼阁,十分雅致讲究,向为士大夫乐于游憩之处,而主人之好客,又是名闻遐迩。这次,梁启超来到台中,"莱园"的主人当然不会放过招待嘉宾稀客的良机,于是,文坛墨客的风流赏会,又一度光彩了"莱园"。当晚,并且有分韵赋诗之余兴,题为:"主称会面难,一举累十觞"十字。

雅堂与梁启超,一主革命,一主保皇,他们二人在政治方面的观点与立场并不相同,但是,在学问文章方面却是彼此倾慕,而且意见也十分沟通。他们在文学方面,不可否认的,都是属于比较保守的一派。梁启超曾对雅堂说:"我从前年轻的时候,也曾经想到过要'革命',后来勤读唐、宋人的集子,又得到赵尧生的指导,才明白诗是我们的国粹,和制度是不同的,不可以随时易改。真是后悔当时孟浪啊。"

梁启超在台湾逗留半月始离去。在这十数日期间,连雅堂几乎始终与一群文士陪伴在梁氏左右,他又是一个喜欢赋诗赠友的人,然而,独不见赠送梁启超的诗章,这真是一件很奇怪而值得注意的事情;或许竟是因为政治立场不同所致吗?不过,梁启超倒是应雅堂之请,写了两幅字赠给他。一是梁氏当时的近作《怀潘大京师诗》:

不见故人积岁月,苍然怀抱与谁同?归欤我记乌头白,行矣君宜马首东。

> 杯酒或关天下计，园花待吐去年红；莫令憔悴忧伤意，损尔飞扬跋扈雄。

落款为："雅堂大兄方家属写近作　辛亥二月　梁启超。"另一幅字是写他的《海桑吟舟中杂兴之一》：

> 明知此是伤心地，亦到维舟首重回；十七年中多少事，春帆楼下晚涛哀。

落款作："辛亥春游台过马关之作，写似剑花　当同兹怀抱。""剑花"，也就是连雅堂给自己取的号。

这一年，连雅堂三十四岁，正是青年有为的时期，然而他的身体一向都是比较清癯，近年来忙于家国之事，既要为报社执笔撰论，复又著述《台湾通史》，加以友朋酬酢，动辄通宵熬夜。他为人热情而且热心，可惜心有余而力不足，过分透支的体力，终于得了一场严重的胃病。

这一场病，非同小可。在医学技术不甚发达的当时，他自己和家人都几乎以为性命难保。在药石难抑肉体痛苦之际，甚至于只好靠鸦片烟的麻醉作用暂时支撑。

从秋天到冬天，连雅堂整整缠绵病榻一季。

报馆的工作只有暂时请假，托人代司。然而，已经开始撰述的《台湾通史》则是自己生平最大的愿望，也是先父殷望于自己的——或者可以说是：自己发愿以此书告慰先父在天之灵的。这是自己的天职啊！所以不能死，不能壮志未酬而死。无论如何，得要克服病魔，要留得这一条命来完成《台湾通史》。

是这个坚强的求生意志，使他奇迹一般的度过了鬼门关。

至于他的妻子筱云，她的母亲已于去年过世，娘家的沈府如今已家道中落，而自己又随夫远住在台中这个举目无亲的地方。这些年来的漂泊生活，已经把这位千金小姐磨炼成一个坚强的女性了。虽然，她娇小柔美如往日，虽然她目前已是二女一儿的母亲，而且肚子里又有另一个新生命在生长着，可是，她没有叫一声苦。丈夫的病如此严重，她内心不是不骇怕，但表面上表现得十分坚定稳重。以一个待产行动不便的身子，她一面伺候丈夫的汤药，一面教导抚育三个子女。只有在一个人独处的时候，她默默地念佛，求菩萨保佑，她甚至于祷告宠爱过自己的双亲在天之灵；求众神显灵验，让她的丈夫克服病魔，让她的丈夫回到自己的生命里来。

奇迹果真发生。雅堂的病，竟然痊愈。而且，他们的家庭，又添了一个小生命，是一个胖胖的女婴。他们给这个可爱的女儿取名"秋汉"。虽然这个名字稍嫌不够女性化，可是这里面是颇有深刻用意的；他们已经有了两个较大的女儿，长女生于阴历六月，故取名"夏甸"；次女生于二月，故名"春台"；而现在这个小女儿生于八月，该以"秋"字为名字的首字，但是下面何以称"汉"呢？则是因为这一年正是武昌起义之年，台胞虽在异族统治下，却人心思汉，故顺理成章地有了"秋汉"这个深具意义的名字。为儿女命名，虽然是家庭间小事，可是从雅堂的作为，也可以看出他随时都以家国为念，而且对于男女人权极具开明思想的一端。

这一年，对于连雅堂来说，是值得纪念的一年。虽然他大病一场，几乎生命危殆，终于经过一季的肉体痛苦而拾回性命；他们的小家庭有了三女一男，更形热闹，充满活力；而武昌起义，革命成功，这是许多爱国志士盼望已久的好消息，雅堂个人更是欣喜欲狂。

经过了漫长的一季，于是一切又开始好转，展现了曙光。生命重新又燃烧起来了。向前瞻望，光明就在前方。

七 遍地史迹无人识

栎社己酉春会（一九〇九年，后排左起第二人为雅堂先生）

八匹马斜阳

连雅堂三十五岁这一年,"国父"领导的国民革命推翻了专制腐败的满清政府,建立自由民主的中华民国。

对于中国来说,这是一个新纪元。中华民国元年(一九一二),代表一个崭新的光明的开始;而对于连雅堂的家来说,自从他的七世祖兴位公消极抗清隐遁来台后,已历二世纪余,清廷终于灭亡,兴位公地下如有知,当可以安慰了。

二月十二日,清帝溥仪退位;连雅堂特为祭告延平郡王郑成功。文如下:

中华光复之年壬子春二月十二日,台湾遗民连横诚惶诚恐,顿首载拜,敢昭告延平郡王之神曰:

于戏!满人猾夏,禹域沦亡,落日荒涛,哭望天末,而王独保正朔于东都,以与满人拮抗,传二十有二年而始灭。灭之后二百二十有八年,而我中华民族乃逐满人而建民国。此虽革命诸士断脰流血,前仆后继,克以告成,而我王在天之灵,潜辅默相,故能振天声于大汉也!夫春秋之义,九世犹仇;楚国之残,三户可复。今者,虏酋去位,南北共和,天命维新,发皇踵厉,维王有灵,其左右之!

八 匹马斜阳

延平郡王郑成功地下若有灵，定必会保佑南北共和，天命维新；对当初携族人渡海来台以示反清的连氏兴位公，亦当可告慰于地下了。诞生于马兵营的雅堂写下这一篇祭告之文，字字句句出自肺腑，充满真情。然而，是何等的讽刺啊，满清虽亡，台湾却仍沦陷于日本掌中。这是全台湾同胞所最感遗憾的一件事。

在连雅堂个人而言，民国初建，病体初愈，是值得加倍庆幸的事情；何况抑郁的冬季已过，明媚的春光当前，起自久卧的病榻，重握笔管以前，他觉得自己需要一段缓冲的生活，所以他计划一次较长期的大陆之游历。筱云则因子女尚幼，而且婆婆年纪大，所以没有随行的意思。

临行，文坛好友又聚集于"瑞轩"，为雅堂饯别。酒酣畅谈后，雅堂起来致谢辞说："古人说'读万卷书，行万里路'是人生一大快事。我个人既喜欢读书，又好游历，回想所读的书，虽未必都很详熟，大概也有了万卷，而细数到今天所行的路，恐怕也超过万里了吧。从前，司马迁出身于龙门，耕牧于河山之阳，在他二十岁的时候，便'南游江淮，上会稽，探禹域……北涉汶泗，沟业齐鲁之都'，后来他做了太史，悉查金匮石室之书，配合他游历窥探的经验，所以写出来的文章才能那样气势磅礴，别具奇伟的气概。我个人从小便崇拜司马迁其人，又佩服他所写的太史公书，可是每念及古人的游历壮行，而自己却从来也没有到过我国大陆北方齐鲁等地，便觉得遗憾且惭愧。中国是亚洲古老的国家，也是世界文明之域，而况现在又正值民国初建，定当是气象革新，焕然可观。相信我这次的游历应该会有所收获才是。只是，此行不知何时才能回来？跟诸位也恐怕将阔别一段时间了。今日蒙诸位在这个地方为我饯行，个人除了由衷的感激之外，无以为报；不过，希望在我回来的时候，能有一些诗文游记来酬答各位才是。"

由于连雅堂的平日理想抱负，他自己和周遭朋友都不知不觉地习惯于将他和司马迁来相比。在这次饯别宴会上，陈贯有两首《赠别剑花社兄》诗送给雅堂：

虎斗龙骧角两雄，好收史料入吟筒。片帆春水来天上，匹马斜阳走路中。

草缴未回天帝醉，登台不见大王风。人间聚散寻常事，别泪应留洒故宫。

飘零身世欲何之？劳落生涯只自知。拍马之罘徒感叹，云龙东野未追随。

茫茫烟水三山路，莽莽乾坤两鬓丝。久遣风云封石室，西窗合与订归期。

宴会后，林献堂托交六百圆日币，赠送给梁启超。

借着此次经日本赴大陆的旅行机会，连雅堂把三十五年来蓄留的头发剪成了西装头。清政权已推翻，代表清装的那一条长辫子，当然也就不再有保留的必要了；但是人心真是奇怪，而且身体发肤受诸父母，在理发师举起剪刀的一刹那，心中竟然会有忧喜参半的奇怪滋味。

于是，三月二十二日，连雅堂启程，从台中乘早车北上。筱云知道此次丈夫远行不是短期的，心中颇为依依，但是她也知道丈夫此行的意义深远，所以不忍相阻，她唯一能做的事情是想远送；可是，孩子们尚幼，而且远行徒增别绪，雅堂没有答应。他们在门口道别，就像这些年来雅堂南下、北上仆仆风尘一般。筱云心中的别情离绪实在一言难尽，只有化为声声的叮咛保重。

她娇小的身子倚立门口，目送着丈夫乘坐人力车的背影渐行渐远，终于消失在朝雾里。

这次与连雅堂同行的，另有一位"栎社"的社友林子瑾，他也是要去上海的，两人便相约偕行。他们到达台中的火车站时还很早，朝阳初上，零落的晨雾尚未干。有几只栖鸟拍拍群飞。雅堂觉得好似来送他们远行。

午后，火车抵达台北。他们暂宿于"鲲溟会馆"。将行李放妥后，雅堂便急急雇车到艋舺，去探望在台湾总督府高等女学校求学的长女夏甸。她当时十六岁，已长得娉婷多姿，酷似筱云年轻时候的姿容。夏甸对于父亲的来访，惊喜交集；知道父亲就要于次日远行，又不禁泪潸潸。雅堂也从小特别疼爱这个女儿，他所以让夏甸远远地寄读于台北，实在是出于一种男女平等的思想——他要自己的儿女都接受最好的教育，将来都能在社会上做堂堂正正的人。

他嘱咐夏甸要好好保重身体，勉励她专心向学，便离开学校。归途上，又顺路访问二三故人，向他们一一告别。

第二天，雅堂与同伴林子瑾从基隆上船启程。

船缓缓启航。回望台湾的山色，这真是一个美丽的岛，而今她在婆娑之洋中，渐随波影淡去。雅堂心中自念，此行汗漫，将到处为家。"人生适志可尔，何可以局踏如辕下驹？"天风荡荡，海水洋洋，不禁自觉精神为之一快!

四天之后,船泊于日本门司。最重要的事情,便是打电报给妻子报平安。

次日上午抵达了神户,借住于台湾米谷公司。同行友伴林子瑾有事需赴东京,而四年之前雅堂曾经来过神户住一个多月,对于旧游之地的山水名胜犹有印象,所以就利用等待子瑾的时候,在神户附近赏览游历。

时值暮春三月,草长莺飞。雅堂时而曳杖出游,行无定向。正是樱花渐谢的季节,落英缤纷,枝头仍有二三未开放。忽又听说须磨公园的牡丹盛开,便急急搭乘电车往观。满园红白盛开,多到两千株,令人惊艳。关西之地又多有温泉,游罢浸泡泉水,浴罢坐古松之下,买一壶茶茗喝,看游人杂踏,觉得烦渴顿消。回想自己入报界已十三载,笔墨劳人,无时或息。没想到逆旅中等待友人,竟然在异地得到此闲暇赏玩春光春景。

不过,神户是雅堂四年前曾经盘桓月余之地,许多当年会见的故人风闻他重临,都纷纷来探望,或者邀约到"福建会馆"。神户是日本的通南大户,漳州、泉州的商贾在此地颇多饶有声势之人。而这时候福建省议会将开会,定选侨商十二名参加国政,东洋地区应选一名。众人认为神户是适当的地方,所以侨居日本的商人都从横滨、大阪、长崎来到神户开会于"福建馆"。连雅堂应邀参加此会,并发表演说,陈述当前中国改革之大势,及此后经营福建的对策。演讲的内容很扎实有见地,赢得众人由衷佩服。投票者七十人,雅堂得五十八票,中选;但他大陆的行期已定,况且他心中已有著史的远大计划,所以婉辞不能就任。

八 匹马斜阳

在日本关西一带盘桓一星期后，连雅堂便与林子瑾，另外又有澎湖人李耐侬三人同买船票，指西航行。他们登大陆的第一站是上海。

船停靠在混浊的扬子江畔吴淞口。从甲板上远望，这个国际港口里停泊着各国的大小船只，而红、黄、蓝、白、黑的五色国旗随风飘飏，似在欢迎自己。人生真不可思议，十五年如一刹那，而许多事又如过往云烟，不可把握。

许是久疴之后顿觉心胸开阔吧，雅堂竟觉得身体已健壮如昔，同时也游兴浓厚。行装上陆，投宿"共和旅馆"，他便开始了附近名胜的游览。举凡西湖的六桥三竺、苏小之墓、冯小青之坟，镜湖女侠所葬之处，都令他流连徘徊，感慨万千。

良辰美景名胜古迹当前，独游的雅堂心里许多读过的诗文都来到眼前，令他甚不寂寞。赏览桃红柳绿之余，他也颇有一些触景感念和批评。西湖的美，曾引得古今人物驻观。于放鹤亭品茗休憩时，见到高约及丈的石刻，上有清高宗的手书。高宗南巡，驻跸西湖，园庭花木之住胜者，无不刻诗玄石，但是来自台南的诗人连雅堂却批评为："诗每五言，劣甚。汗秽多矣！"

两日的游迹所至，雅堂竟深深喜爱上这个江南的名湖。他在给筱云的信上说：

他日苟偕隐于是，悠然物外，共乐天机，当以乐天为酒友，东坡为诗友，和靖为逸友，会稽、镜湖为侠友，苏小、小青为腻友，而芷萝仙子为主人也。

旅游的轻松心境，与佳景当前的欢愉，使得雅堂摆脱了日常琐务俗事，浪漫之情达于高峰，发愿与平素所敬佩羡慕的古人神交。他并且有另一首七绝《西湖游罢以书报少云并系以诗》系于家书之后：

一春旧梦散如烟，三月桃花扑酒船。他日移家湖上住，青山青史各千年。

等到有这么一天，修史的任务完毕，他一定要带着最爱的妻子偕隐于此秀丽的西湖之畔，让青山护着青史，青史增添青山的光辉，那么此生此世，已别无奢望了！

在雅堂离台后不久，筱云也辞别了客寓的"瑞轩"主人林氏，带着次女春台、儿子震东和三女秋汉，回到台南，陪同雅堂的高龄母亲刘氏。至于长女夏甸则因学业，暂时仍寄读于台北。这也是雅堂临行前所做的安排。如此，虽然男主人不在家，但是三代同堂，老少各有照应，既热闹，也比较可以让天涯的旅人放心安慰。

远离家人和家乡的雅堂，难得将行万里路结合所读万卷书；而且他更时时关心着时局现实。在独行于杭州市上，他身处于熙来攘往的庶民之间，耳闻当地竹枝之调，眼观走过自己身边的人，没有一个脑后再垂着长辫子的人。想到先祖兴位公以来，全台胞的宗祖，乃至于全华夏的奇辱，都随着长辫的断尽而拭去，岂不是革命所带来的光荣吗！他也在杭州街肆观察到禁烟之令甚严，违禁偷抽者置死。在他的《大陆游记》里，他写下："阿芙蓉流毒久矣，而毅然刷涤，则浙人之福也。"

游罢西湖、杭州，暂回上海，再到南京。

南京古名金陵，是古代帝王之都，也是如今民国初建的首府，龙蟠虎踞，气压东南。在历史上，这个地方是英雄之所割据，豪杰之所战争，也是名士之所啸歌，美人之所颦笑处，所以春风秋月，赏心乐事，足供游者凭吊。十五年前，雅堂在上海圣约翰大学读书时候，曾经约略一游；今日重来，江山如旧，风景不殊，但人世变化，则堪喜堪忧之事各有，教人如何不感慨呢！

雅堂登雨花台，吊祭太平天王洪秀全。他事前预制《至南京之翌日登雨花台吊太平天王，诗以侑之》四诗以代侑觞：

龙虎相持地，风云变态中。江山归故主，冠剑会群雄。
民族精神在，兴王事业空。荒台今立马，来拜大王风。

汉祖原英武，项王岂懦仁？顾天方授楚，大义未诛秦。
王气骄朱鸟，阴风惨白磷。萧萧石城下，重见国旗新。

早用东平策，终成北伐勋。画河诗不远，弃浙败频闻。
同室戈相阋，中原剑失群。他年修国史，遗恨在湘军！

玉垒云难蔽，金陵气未消。江声喧北固，山影绘南朝。
吊古沙沉戟，狂歌夜按萧。神灵终不閟，化作往来潮。

连雅堂高声朗诵，旁若无人，声音远彻水云，其他游客还以为这是一个狂人哩。雅堂是一个史家，也是一个诗人，在这个历史的古迹上流连，他对太平天国的一段历史，自有其冷静客观的批评；然而当他与"古沙沉戟"的雨花台如此接近时，则又禁不住内心涌出一股热烈的浪漫感慨！那些过客怎么知道这高声朗读的清癯男子，是来自台湾的热血男儿呢？

南京城外名胜古迹，如钟山、明孝陵、朝阳门、明故宫、莫愁湖、北极阁等地，都有雅堂的游踪。

秦淮河在南京城东南，水流横贯城中。旧时歌楼画舫，环集于秦淮两岸，为江南一大名胜；而六朝金粉，艳说秦淮，古今文人，对这条泛着太多历史光影的河流，多有未至便已向往的浪漫之情。雅堂当然也不例外。从前，他对秦淮河，只是得自古人诗文的一份想象；今天他终于亲身泛舟其间。不过，时光如流水，一切历史上的帝王英雄佳人妖姬，也都像过眼烟云，过去了，便过去了，除了文字的记载以外，似乎并没有留下什么。眼前周遭，虽流水如碧玉，却污臭不能饮，教人置身其间，反有些怅惘之感。他写下了一首《秦淮》诗：

画舫笙歌一梦休，秦淮春水尚风流。晚风挑叶迎前渡，落日杨花扑酒楼。

千古美人空有恨，六朝天子总无愁。琼林璧月知何处，不及青溪控紫骝。

当时风恬波静，泛舟其中，箫鼓一船，飞觞醉月。历史与现实交融于一时，令人不辨古今。今夕何夕？月明当空，河上的空气不冷不热正宜人。原来是四月十五日的夜晚啊。

朱雀桥也在南京城的东南方，这里和乌衣巷，同为六朝王、谢两大贵族的风流遗迹。唐代的诗人刘禹锡曾经写过一首传颂千古的《乌衣巷》诗："朱雀桥边野草花，乌衣巷口夕阳斜。旧时王谢堂前燕，飞入寻常百姓家。"距离王谢家族势力鼎盛时期五世纪后的刘禹锡，已无法捕捉当年的华靡风流了；距刘禹锡更在千年以后的连雅堂，又能看到什么呢？"王谢风流，今不复见"，一切只有凭历史与诗的仿佛去想象而已。然而，历史人物尽管更迭，江山依旧不变，那幕府之山长存，而谢太傅的别墅则依稀若尚在；想象淝水一役，赖谢安一族协力支持，渡江残局得以保存。"我思古人，悠然神往矣。"雅堂以一个历史家的评判眼光，他的感慨似又不能不较刘禹锡多了一层。

他游玄武湖。游罢，乘车入镇江，访甘露寺；又买舟上金山、焦山。

此游凡七日，连雅堂颇得山水之趣，而平日所读诗文书籍的内容，亦借此游得以一一印证。他满怀欣喜，感到丰收异常。于是，乘晚车返沪。

民国初建，当时会党林立，海外华侨亦设立联合会于二洋泾桥畔。这时，赶巧雅堂的朋友厦门人周寿卿也住在此地，他便前往访问，另一方面，会中也颇多故人，大家都热烈邀请雅堂。国民革命时，华人赞助甚巨，槟榔屿的侨领吴世荣和泗水的侨领庄啸国、巴达维亚侨领白苹州等人创设了这个"华侨联合会"，以联络海内外的枢纽；而这个组织也得到"国父"的核准才成立。公推汪精卫为会长，吴世荣为副会长，其经费则由各埠担任；所以这是沪上基础较巩固的一个华侨组织。

雅堂来到这个会中，十分受到大家的欢迎，又因为他有多年的记者经验，便顺理成章地由他来出任报务之职，日日以国是报告海外。

当时上海一地的报业极为盛行，而且各有各的方向。属国民党的有《民立》、《中华》、《民权》、《天铎》、《太平洋》；另外有《民强》，是代表当地人言论，而附丽于国民党的；《大共和》、《神州》、《时事》为共和党之报；《民声》、《民社》是由张振武出资的民社党之报；保皇党方面所设《时报》，将附属于共和党；至于《申报》及《新闻报》，在当时已刊行几达四十年，墨守旧义，不落任何党派，为一般商贾所喜欢阅读。在这众多的报刊中，《民立》占第一位，《时事》次之，而《民权》与《中华》则不相上下，若就艺文性而言，则《太平洋》无疑地居首位，因为这份报纸是由文人柳亚子所主编的缘故。

报纸为舆论之母，连雅堂对于当时上海报界之欣欣向荣现象，颇感安慰；然而，另一方面，对于《民立》、《时事》二报所造成，因党争之隙而互相抨击的风气，却又感到痛心疾首。

至于雅堂个人，这个时期，他以比较冷静客观的态度，一方面极力拥护国父所倡的民族、民权、民生三大主义，再者，更注意到男女平等的问题。他认为女子参政为文明国之所争，虽以英、美人之自由，也尚未能达到这个目的，归根结底，其症结在大部分人仍为男尊女卑之说所囿，然而，要男女平等，进而达到女子参政，应从何着手呢？雅堂认为：除了与男子同样接受教育之外，别无他途。

当时，唐群英、沈佩贞、吴木兰等女士，曾纠合同志，要求参政，国父也赞成其举。后来，唐、沈二人更于北京设立"女子参政同盟会"；于上海设置交通部，而由林宗素主持。林宗素是福建闽侯人，年约三十余，曾留学于日本东京。她是自由思想的实践者，她知道女子参政，先需要有学识，所以得南京政府之援，创办"女子法政大学"于城内，其教师张亚昭，并且还自刊女权杂志；惜因款绌仅发行两刊便停刊了。林宗素知道连雅堂也是女权运动的拥护者，曾经对他充满信心地说："女子参政，在目前虽然遭受阻遏，不能贯彻本衷；然而在我们这些有心人昔昔而求之下，必定有成功之日，这只是迟早的问题而已。"

这个时期，上海勾栏中人，甚且设有青楼学校。这个事实，颇引起雅堂的惊奇与同情。春申为歌舞之地，其华靡程度，与秦淮相比，可谓有过之无不及。堕落此区的女性，往往一失足便无法振拔，实在令人怜悯。这里有一位名妓，叫做张曼君。她年轻而生得才貌双全，更为难得的是，为人负侠而颇能有求上进之心。曼君自己识字能读报，她看到一些无知可怜的姐妹淘前途暗淡，所以起而倡议，与同侪柳如是、翁梅倩、林黛玉、谢莺莺等，共同设立了"青楼进化团"。经费不足，便演出戏剧筹款，获得千数百金，于是设校于新民胡同。聘请二位女老师，教授国文、算术以及刺绣、音乐之学。柳如是为团长，张曼君为副团长。白天里，她们集合众姐妹上课，晚上则度曲卖笑。

妓女没有自尊？不懂自爱？她们或于由家庭环境，或由于一时失足，堕入风尘中，便往往被社会各方目为自甘堕落，连带蔑视了她们的人格；而她们自己也往往自怨自卑，甚至一生与幸福绝缘，永劫不复。这实在是不公平的。张曼君曾于酒楼数度见过连雅堂，她对于这位风度翩翩，温文儒雅的南方书生十分倾慕，又知道雅堂鼓吹男女平等，所以曾经慷慨激昂地对他说："我们妓女也是国民呀，怎么能够自暴自弃呢！"雅堂听后颇为感动，安慰她说："对，青楼也算得一业。你们在这儿修其容，习其声，以售技艺；虽说是博金钱于温柔缱绻之中，总是比贪官污吏之强噬民脂民膏要好得多了。"

然则，连雅堂竟是赞成娼妓制度的吗？则又不然。他在《大陆游记》里曾经提及：

太史公曰："今夫赵女郑姬，设形容，揳鸣琴，揄长袂，蹑利屣，目挑心招，出不远千里，不择老少者，奔富厚也。"君子曰："女闾之设，王政之衰也。故管子以功利霸齐，齐无王也。"近世文明诸国，始有废娼之论；衣食足而后知礼义，女闾之衰，可以观其俗矣。

娼妓这一行，是世界上最古老的行业，有识之士不分男女都知道其可耻可悲；然而，却始终没有任何一个国家在任何一个时代把它彻底消灭，这固然与人类食色之本性有关，而与政治之衰敝，社会之风气，亦不无关系。而人之恶习恶性，社会之道德习俗，要提升至理想的净明圆满境界，的确也是不太容易的事情，所以娼妓之废除，还有待于全人类男女之共同努力。在尚未能达到此一理想目标之前，人们也只有在消极方面给予妓女们同情和自新的机会罢了。

从来风尘之中多侠义之女，张曼君的自尊自爱，以及她奋发为姊妹们开放新境界的义举，也就深深赢得连雅堂的钦佩。在旅居上海的一段时间里，雅堂不仅视曼君为诗酒风流聚会场合的美丽伴侣，同时更引为知己朋友，所以写了不少好诗给她。这里试举两首以见一斑：

奇才未必天能妒，艳福从今取次修。千古美人原不老，一时名士尽低头。

藉凭雨雨风风意，管领莺莺燕燕愁。剑影箫声同此夕，银河迢递笑牵牛。《示曼君》

孔雀南飞马首东，虬髯侠拂感怀同。心伤云雨飘零后，眼倦鱼龙曼衍中。

八 匹马斜阳

上帝梦梦天亦醉，群雌粥粥女偏雄。涉江欲采芳馨赠，十丈芙蓉落晚红。《出关别曼君》

从前一首诗，可以想象张曼君风靡一时的情况；后一首诗，则为连雅堂后来离沪北上所寄赠。

这一段时间，连雅堂以游客身份客串报务，工作轻松，心情也开阔，而他又热情好交游，所以每多诗酒酬酢的机会，一如他居住台南和台中之时。

一夕，他与朋友饮于勾栏，同座皆是革命党人。酒酣耳热，大伙儿便以猜枚代酒令。猜枚之声随着酒兴渐渐高起，大家自然地也劝雅堂参加助兴；可是，他平素对这种猜枚名辞的尚利禄便不屑道，于是大声喝道："诸公还是像老旧的官僚派吗？"他这一大声喊叫，惊动四座，所有在场的人都愕然。雅堂便说："诸公以革命之士自居，推翻异族的压迫，创建了共和的体制，以为把前清的瑕秽都肃清了。没想到竟还沿用旧时的猜枚，叫嚷着'一品'、'五魁'什么的，真令人讨厌！这虽是小事情，但是如果不去改革，积恶长存，那等于是驱一世之人心于利禄之途。你们说，这个害处大不大？"

这倒是别人没想到的一个问题，于是，大家问他："那么要如何是好呢？"

"改呀。改了，使合于民主的制度就好。我建议：把'一品'、改为'统一'。"众人叫好！"其次叫做'两院'、'三权'。""对对，这样更合乎共和国的精神了。"

于是雅堂又继续发表意见："下面是'四民'——士、农、工、商，是国之本；'五族'——意味国之所以成；'六法'——法治的根源；然后是'七曜'跟'八星'——这是世界之大同；在后为'九鼎'——表示今天我中华民国的武功彰明，以武励民的意思。""好好！但是，十应该怎么叫呢？""叫做'共和'！以'统一'开始，以'共和'收终，岂非圆满之国吗？你们看，对手为平权——权就是拳，取其谐音。人与人平，而后国与国平；发彩呼万岁，是表祷祝的意思。我这建议，比较旧称，岂单单是善恶之分而已，对于国人涵养的影响，可谓至深且大了。试想大家在宾朋之会，宴饮之间，嘴巴里说惯了，心里当然便记得；不多久，风行上海，专制的遗毒便也可以根治尽绝了！"

连雅堂在华侨联合会不觉地居住一个月，平日除读书撰文以外，也无其他要事。当时政局平稳，人民小康，本以为中国从此就会兴盛起来了；却没料到，八月十五日，袁世凯突然扑杀武昌起义有功之前湖北军务司副司长张振武及湖北将校团团长方维于北京，而秘不宣布其罪。舆论大哗，斥为违法。此是共和党同室相残之案，该党的各报都为曲解，唯独《民声报》为张振武出资之报，故而大刺其罪；国民党方面，则站在拥护约法、人权的立场，亦为之不平。雅堂个人对此事也有他的看法，他写了一首《闻张振武之狱》诗，并有序：

张振武为武昌起义之人，黎元洪忌之，派赴军事会议，密电袁总统请诛，遂与方维戮于市。国人冤之。

哀哀三字狱，志士不可辱。昂昂七尺躯，生死无须臾。君不见阳夏风云会龙虎，一时健者张振武。马上喑呼起战征，帐前慷慨征歌舞。副总统曰：噫！爱既不能，忍又不可，杀之宜。大总统曰：俞！尔有罪，法当诛。城门校尉执以趋。长安夜半天模糊，双弹洞胸弃路隅。君不见彭越醢、韩信俎，古来冤狱无时无！

在连雅堂忙于国是舆论，热心报务，一方面又四处游览，广结新知之间，不觉得时光流逝。当人的眼睛忙着饱览山光水色，手腕忙着挥毫疾书的时候，时间的动静好像不会引起注意；只有在心思由动趋静的时候，那日月的变化流转才会叫人惊讶，也只有在一切兴奋的情绪沉淀下来的时候，旅人的乡愁才会格外浓密。一夕，连雅堂在静静的旅邸前，写下一段这样的日记。

金风乍起，残暑未消；陌上垂杨，渐含秋色，似诉年华将老者。嗟呼！树犹如此，人何以堪？吾别家山亦半年矣。莺花久谢，逝水不归；旧梦新愁，竟难消遣。揽游之心，陡然起矣！

牛女渡河之夕，乘车而赴姑苏，至于阊门之外，夜将阑矣。徒倚楼头，独看天汉，想起吾妻此时，上陈瓜菜，默祝双星。真觉盈盈一水间，脉脉不得语也。

筱云和三女独子的身影萦绕在他的脑际，还有高龄的母亲呢？家乡的故知和青山绿水呢？今夜，他的思乡愁绪特别浓。这一切，使他怀念关切，一时仿佛亲近，一时仿佛遥远。

就在雅堂离乡半载，忽觉孤单寂寞的时候，他意外接到了一位同乡吴少侯邀请共赏中秋月宴的帖子——时间是九月二十五日，这一天正是农历中秋夜，地点是上海酒肆有名的"张园"。主人附言："陪客尽是台湾旅沪的人，所以务必要赏光才好。"

"每逢佳节倍思亲"，虽然家人隔海不得见，能够在此月明良宵，与同乡见面，亦未尝不是安慰乡愁的良方。这一天，他穿着一袭蓝灰色的长衫出门应邀。八月中旬的上海气候，白天虽然尚热，入晚之后，清风助凉，颇有几分微凉意。那一袭临风的长衫，把高瘦的连雅堂衬托得更形温文潇洒。

由侍者带领进入"张园"那间套房时，连雅堂禁不住惊声叫起来。因为，在座者除了主人吴少侯与他的一个宠妾之外，其他尚有林子瑾、李耐侬、高幸君，以及谢幼安夫妇。全都是台湾人，而且更令人感到意外的是，谢幼安和王香禅这一对阔别多时的朋友，竟然今夕中秋，会面于上海，真正可谓"他乡遇故知了"。幼安的豪爽依旧，而香禅则似乎较前丰腴一些，衣饰华丽的她，如今更具几许成熟女性的韵致。

这一夜，皓月当空，宾主却浸淫在话旧的温暖气氛中。酒酣后，主人请北京瞽者王玉峰弹三弦助兴。王玉峰的技艺颇为神妙，使在座的人都听得屏息感动。

酒醉肴饱，宾主尽欢。踏着月光回到客寓，酒量不佳的雅堂竟觉得有些晕晕然。月光从窗口照射进来——他没有开灯，一任水一般的银光泻落在床前，桌上。此刻，他不禁沉湎在回忆里，沉湎在不可思议的人生聚散的回忆里……

记忆退去，退回到八年前。

八年前，王梦痴是台北娱乐界的佼佼者。她在"永乐座"唱京戏——大家称为"正音"。那时候的王梦痴年轻貌美，为人八面玲珑，尤喜附庸风雅，爱诗文风流，所以名噪一时。许多文人墨客纷纷前往捧场。雅堂自己偶然北上，也曾经跟着三五友好去听过她唱戏，经人介绍而认识了这位台北艋舺的女艺人。

八 匹马斜阳

当时的连雅堂，在南北一群文友中，也显得十分与众不同。他的身材高高瘦瘦，一张脸清秀而儒雅，平时不大说话，但话一投机，就会变得滔滔不绝；尤其是辩论到文艺问题或是国家世局等事情时，更会像换了一个人一样，兴奋异常，十分雄辩。

那些时候，几乎每回北上，雅堂总要到"永乐座"去为梦痴捧场；有时下了戏卸了装以后，他们也会跟着众人消夜或聊聊天什么的。渐渐的，梦痴对于这位斯文而风度翩翩的台南才子，有了深刻的印象。尤其是雅堂对于女性的尊重，不因自己是一个戏子，而流露丝毫轻蔑的神态，这一点使梦痴对他十分钦佩又感激。这位年轻美丽而又多艺的她，倾慕追求者大有人在，千金一掷为博美人欢心者更不知凡几。但她却偏偏独对这位年轻潇洒的台南青年情有独钟。她知道对方有一位贤惠的妻子，也已有两个可爱的女儿，她甚至甘居侧室的地位，以遂委身所仰慕的人的意愿。这个意愿，她曾经有意无意之间，直接间接地透露过。

王梦痴虽然不是名门闺秀，千金小姐，然而她的一片真情实在可贵，值得珍视。连雅堂也不是不喜欢她，不过，他自己是一个以开明新思想自居的人，他痛恨旧社会的许多陋习，也曾经目睹许多大家庭里的悲剧都因男人的蓄妾而引起；而况，他主张男女平等——一夫多妻制，便是对女性的极大侮辱，自己怎能接受梦痴这个建议呢？即使那个建议完全是出于她的心甘情愿……这样子做，自己将来又如何能领导社会人士鼓吹新思想呢？一个人的言行如果不能一致，又如何对得起自己和别人呢？何况，他对妻子女儿是深爱着的，他不忍心做出半点让她们的现在或将来会有不快乐的事情，经过仔细地思考，冷静地抉择，他终于婉辞了梦痴的一片情意。他宁愿伤她的心于一时，却不能教她一辈子做一个活在暗影中的女性。他也不忍心让这些年来与自己同甘共苦的筱云受损一些些。因为如果接受梦痴的爱情，结果只是伤害了筱云和梦痴双方；这样子，自己恐怕一辈子也不能真正幸福；然则三个人的前途将毁于一个冲动，一个错误的判断。万万使不得！悬崖勒马，这是智者的表现，也是勇者的表现。

于是抖落了台北的一场彩色梦幻，他回到台南，回到筱云身边，全心全意的。这个娇小的妻子不动声色。不知道她是否闻悉在南北文坛的一些风风雨雨谣传呢？看来，她是如此的安详，如此地信赖自己；仿佛在她的生命中，自己这副瘦弱身子便是她唯一的庇护似的。

这个女人，我这一辈子也不能辜负她，我要用我全部的爱情来爱护她！雅堂在自己的心里大声发誓。

以后的日子里，连雅堂一心一意于报务，风尘仆仆地南下北上，中间也一度举家赴厦门创办《福建日日新闻》，又开始着手撰写《台湾通史》。他的生命如日中天，他的理想抱负正要逐一推展开来。

据说，王梦痴在不多久之后便下嫁台南举人罗秀惠，可是婚后二人感情不睦，旋即又告仳离。梦痴于婚后，伤心失望之余，竟遁入尼庵，过暮鼓晨钟的清静生活。她并且取了一个道名——"香禅"。

或许是一向生活在繁华环境中的她，终究耐不住那种青灯木鱼的单调寂寞吧，过了不多久，便又返回俗尘来，并且再嫁于新竹籍的谢幼安。婚后，他们夫妇俩相偕赴大陆……

一阵凉风从开启的窗外吹进，吹醒了连雅堂的酒意，也吹醒了他的回忆。

夜深沉，中秋深夜确实已有几分寒意。他起来关窗就寝。

八 匹马斜阳

雅堂先生与友人合影（约摄于一九一二、一九一三年；右立者为连雅堂，中坐者吴世荣，坐地上者白苹洲）

九 书剑飘零

与谢幼安夫妇相逢于"张园"后,连雅堂的旅次生活又多了一层热闹,多了一些可以走访叙旧的场合了。

幼安多才而性格豪迈,酒量很好。他与雅堂在台湾时便已相识,如今沪上遇见,更倍增亲热,所以常常与香禅共同邀饮雅堂;有时候,席上还有张曼君作陪。《幼安香禅邀饮杏花楼并约曼君同往》,便是记叙这种欢欣的诗:

昼烛双行照绮楼,酒觥诗卷尽风流。已开勺药春婪尾,谩采芙蓉艳并头。

太史文章牛马走,美人心事燕莺愁。他年各有湖山约,管领风云百自由。

"杏花楼"是上海有名的酒楼,而张曼君则是上海的名妓。幼安之豪举,于此可以想见。这时候,雅堂自己《台湾通史》已经动笔,以太史公自喻,虽然是诗人的豪语,不过,当时全台湾的人士知晓他这个计划的,也莫不以这两位古今史家相比况;至于诗中所称"艳并头",无疑是指香禅与曼君这南北两美人。虽然这时候的王香禅已安为一位贤慧的谢夫人，洗尽铅华不再鬻艺，可是天生丽质，薄施脂粉的她，反较往昔增添几许高贵动人的风韵；而张曼君则既年轻又婀娜多姿，更难得她人在风尘中，却有一颗上进的心和刚强的性情。主人豪迈好客，席上有双美作陪，诗酒风流，倒也解得些许旅居的寂寞了。

现在的王香禅，生活十分优裕，闲来无事，便也想多读些书，学作诗。她虽然所受的教育并不多，究竟以往日唱京戏的根底，对于字韵多少也有些认识，而且在台湾时，一度也学诗于老儒赵一山。

雅堂看了她所作的几首诗，大体不离香奁绮丽的风格，不过，她天质不差，好好教导，假以时日，必有可观的成绩。但是，文学跟其他艺术一样，最怕一起始便逞聪明才华而忽略下苦心和功夫。雅堂觉得香禅的生活与个性既然倾向香奁体，也不妨让她在这一方面更求精研。要学香奁体，自当从徐陵的《玉台新咏》入手；然而运典构思，敷章定律，则又当自玉溪诗学起；这样子作出来的诗才能华丽纤秾而不落油俗轻浮。于是他介绍了《玉台新咏》和《玉溪生诗集》给香禅，要她先熟读古人之诗。

香禅果然认真读起诗文来，并且时时以所读向雅堂请益。这个时期，连雅堂除了华侨联合会的报务外，反正亦旅次休闲，便索性又教香禅《诗经》与《楚辞》。因为《诗经》与《楚辞》乃是我国古典文学的二大渊源，无论任何人想要吟诗赋文，归根结底，于此二源头是不能不顾的。

就这样子，偶然客寓再逢，连雅堂与王香禅得有机会朝夕钻研诗文。谁料得到十年之后，他们会在异地成为师长与女弟子的关系呢？而经过一段时间的指点与苦读，这位女弟子果然不负雅堂之望，写诗尽去前时之弊端，变得斐然可读了。

上海只是雅堂游大陆第一站，他以此为中心，四出寻访附近的历史古迹和佳景名胜，收获至为巨大，可是没有想到一住下来便是九个月的时间！

次年的元月二十四日，有华侨二十余人来自各埠，他们要从南京乘车赴北京，去参加华侨选举国会议员的投票。雅堂自觉在上海逗留的时间已经够久，便决心同他们一起北上。

一行人先渡江至浦口，再乘火车赴天津。从浦江到天津，计程一千五百余里，快车行二十六小时可到。当时的火车为英人所制造，车内设备相当周全，而路又广轨，无论坐卧都十分舒服。

途经临淮关、宿州、徐州，傍晚时分进入了山东省界；再经过滕县、邹县而到曲阜。这些古今历史上的重要地方，例如汉高祖所起的徐州、孟子的故里邹县，又周公之所封、孔子之所生的曲阜……虽然都只是从车窗眺望而已，对于一个史家来说，不能不引发起伏的思潮和感慨。

火车继续北驶，经过泰山时，雅堂颇想一睹其顶，可惜夜色迷蒙，冻云深锁，什么也看不见，只得怅然而睡。黄河，也只有一任火车在梦中驶过。早起一望，则车已至沧州。

抵达天津后，在俄租界车站下车。工商部已经派参事来接。北京的国民党干事亦远道来相迎。于是，乘马车到住宿的"德义楼"。

四天以后，代表人数增至四十余人，便浩浩荡荡赴北京。

国会议员华侨代表会在前翰林院内举行，费时共十日。然而冷眼旁观，民国初建，真正的民主投票，似乎尚未能发挥其功效。连雅堂对此难免失望。

他也看到一些不合理的现象，听到一些不可思议的论调。当时已是民国二年，可是北方人比较守旧，还有不少保留辫发之俗的。譬如说：山东选举国会议员时，许多人都主张留辫子的人无选举权，但是那些留辫子的人却多为有权势的巨室，他们坚决抗议；后来，都督孙宝琦以此事请问于政府，袁世凯竟然下令说："选举一事也，发辫一事也，无相牵涉。"所以，后来在民国的国会中，往往见到留着清朝辫子的议员。这真正是滑稽可笑的怪事。

一夕宴后，雅堂到茶馆里去闲坐。隔壁有两个人，其中较年轻的说："前回公园里头开会，有人在演讲，说'现在是共和政体'啦什么的。我们当然是要爱国的，但究竟什么叫作'共和'呀？"另外一个年纪大的，便告诉他："共和，就是大家和气的意思。我听说宣统皇帝年纪小，不能亲理政事，叫袁宫保代办，所以啊，叫咱们大家得和气相处才是。"这种谬论，实在怪得可以！不过，这也难怪，因为国民革命的中心在南方，北地没有受到什么战争的影响；一般老百姓尚不知民国已经建立，袁世凯已经任为大总统了。若要全国四万万的同胞都明了共和的真理，实在舍教育无他途。普及教育，实在是刻不容缓的事情。

连雅堂生长在终年不雪的南方，而他的故乡台南，更是一个荷花献岁，黄菊迎年的亚热带气候。初春的北方，天寒地冻，然而却阻止不了雅堂的游兴，另有一股吸引他的力量。而北京这个古都的风光景物又饶富情趣，所以他一天也无法待在房子里；穿着棉袄，披着大衣，戴着手套，全副御寒的装备，使他无视于外面零度以下的世界。巍巍的天坛、壮丽的颐和园、故宫的数不尽的琼楼玉宇、风雅有书墨香的琉璃厂，乃至于庶民风味的东安市场、八大胡同等处，莫不流连徘徊，留下深刻的印象。

喜游历、好朋友的他，在居京两个月的时间，一方面饱览了古都的景物，而另一个收获，是新结识了陈熙亮、陈召棠二友。

畅游北京之后，雅堂有意继续远征，作塞外之游，但是京中的朋友无人肯偕游。于是他携一幞被，珥一笔，持一杖，以作张家口之行。三月的北地，寒风依然刺骨，却动摇不了这位南方书生的决心。

京张铁路为通往蒙古之道。这个交通要道是在粤人詹天佑的督导之下完成的。当时所有的造路材料，悉取诸国中，道路险阻，越山而行，以贯长城内外，可以想象其建筑的艰难。然而自从此路开通以来，蒙古地方的货物都赖以此为邮，所以收利也甚大。车站在西直门外，而总站则在丰台，与京奉、津浦相接轨，是北方的要道。

车经清华、下关、中关、而上关，渐行渐远离都郊，而窗外的风光也就慢慢转变得更为气象幽伟了。

上关，又称居庸关。城之南门，有石刻"古雄关"字，字大径尺。这是古代用军之地，也就是《淮南子》一书中所谓"天下有九塞，居庸其一"的地方。读万卷书，还须得配合行万里路，真正有道理！如今，映在雅堂眼前的是的的确确的真象，往日之所读，现在都一一证实了。他的心情，不禁又激荡兴奋起来。

火车继续北驶约十五里之处，为八达岭。此是明大将军徐达大破元兵的地方。通过隧道之后，看到一座宋代杨五郎的石像，屹立山头，不畏风雨，正象征着一个堂堂男子汉大丈夫的气概。八达岭的北门，大书"北门锁钥"，为景泰三年所建，此地为长城隘口。

沿途塞外景色浩浩茫茫，时见蒙古人驱骆驼而行，成群结队，铃声断续，逼仄官道中，蔚为奇观。入夜之后，车抵张家口。

九 书剑飘零

同车中，有一个粤籍旅客霍干唐，也是想赴蒙古的，雅堂便与他偕宿于张绥铁路总局里。张绥铁路，起自张家口，终于绥远城，中经山西的大同，为北界交通之道。当时这条铁路正在修建中，局里有许多局员都是粤籍的，听雅堂与霍干唐来，莫不欣欣然亲切招待。

第二天一早，他们便乘坐骡车游市上，到大境门之外，浏览长城。又登帽儿山，到阴山之麓而返。

本来，雅堂想要更前进到库伦，可是逆旅主人劝告他们："这个地方还没有完全平定，时时有游匪四出。那些做买卖的人，为了赚钱，不得已而出，也都是一伙一伙的，不敢单独去，即便是这样，也还有不时遭到劫杀的下场。何况，路程那么远，天寒地冻的，在度过沙漠的时候，万一有个差错，那就太不上算了。"霍干唐觉得这话有道理；遂暂时取消此行，等待来日有机会再一游。

于是，作归京之计。

火车经过南口，听说明十三陵宏壮雄伟，便特往谒陵。

回北京数日后，买了些土产做纪念分送亲友之用，便匆匆又治行装，循京汉铁路而下，以横览大河南北。出京三十里而到芦沟桥。这时，岸柳未稀，残月在树，春寒袭人。雅堂于车中倚枕而卧。夜色苍茫，半由梦中过之。他写了一首《芦沟桥》诗：

襕衫曾染曲尘黄，挥手东华事可伤。乡梦渐多春梦减，芦沟桥畔月如霜。

接着，车过涿州。那是传说中黄帝大战蚩尤的古战场，也是黄帝威震大夏之始的可纪念之地。然后，又到易州，有燕丹的黄金台在。

雅堂在车中展读《史记·刺客列传》。侠义之士，一向是他所崇敬的，而作为一个历史家，他更不喜欢以成败论人。书中的文字与眼前的实景配合，于是仿佛看到两千多年前的游侠之士；"士为知己者死"的节义，深深感动了他。而燕地萧萧之风，果然度车窗而过，耳畔似闻见"壮士一去兮不复返"的悲壮歌声。

车到保定站时，雅堂听说城中多古迹，便下车暂游。莲花池、小方壶、濯锦亭、藏经阁等地方，都印上了他的足印。然而使他感慨的，却是廉颇的古庙。墓在城的西北十里，久已荒废，庙迹尚在，而馨香已淡。中国人尚古，对于金石书画，每每嗜之甚深，但对于古人的史迹，反多置而不闻；栋宇之建，俎豆之礼，其所祀者，乃为不可知之神仙；而所谓英雄烈士者，多在若存若亡之间，有时甚且有举其名而不识的情形，这真是可悲之事！作为一个史家，他宁记取有血有肉的历史人物，却不愿盲目膜拜虚无缥缈的神仙。

翌日，又乘车行，经尧母庆都氏的诞生地望都（古称庆都）、战国时代中山国的定州，而到正定。接着过滹沱河，而抵石家庄。

邯郸在平原上，城大而坚固，是历史上赵国的首都。来到邯郸，便令人不禁想起战国之末秦围邯郸之事。赵王乞兵于魏，赖信陵君盗兵符以救其困，信陵君因此义名高于一时。不过，赵国也有平原君善养士。人谓"地灵人杰"，然而信陵、平原二公子却使邯郸不朽！想到这里，雅堂竟觉激动不已。城内有丛台，为武明灵王之所筑。遥想古代，汉光武拔邯郸，曾置酒高会于此，雅堂也忍不住游而登之，因为他来到邯郸的目的，便是要以一杯之酒痛浇赵州之土啊！

又翌日，而至磁州。此地有一曹操的疑冢。再继续向东南行，便到了有名的铜雀台故址。曹操固为一时之健者，然而雄心霸业都如一阵烟云,一世之雄,而今安在哉?

火车一径向西行,中国版图之大,历史之悠久,一一验证在眼前,而在历史家眼中看来,更是无一地不载满历史的血泪欢愁故事。车子进入河南省境后,又经过殷之菱里的荡阴、卫之牵邑的浚县及淇县。武王克纣,分畿内为三国邶、墉、卫,称为三监。武王崩,三监叛,周公诛之,将三国尽封于康叔;所以三国之诗同风。《诗经·邶风》有:"亦流于淇";《诗经·墉风》有:"送我淇上";《诗经·卫风》亦有:"瞻彼淇奥,菉竹猗猗"。这样看来,远在三千年前,淇水就是个胜地了。

过了殷之牧野的卫辉,再向南行百六十里便是黄河的北岸。此地一望无垠,土硗民瘠。黄河是世界的巨川之一,更是中华民族的文化发源地,然而事实上,这一条名河当前,连雅堂所见到的景象却是挟沙沸腾,色黄而浊的水流。难怪大家都说:"俟河之清,人寿几何?"到此一游,当然也不能不有诗留念,他写了一首《渡黄河》:

南来事事感怀多,莫谩停云发浩歌。生死浊流污我足,汽车载梦渡黄河。

诗人做的是什么样的梦呢?是历史的浪漫感伤的梦,也是现实满怀理想抱负的梦。黄河之害,自大禹治水以来未曾断绝,昔昔漏卮,致令民困国穷,为何想不出一个妥善而根本的治方呢?雅堂虽非水利专家,然而诗人也有报国之志,他认为欲治黄河,"当以种树为第一,而人民不得侵耕,官吏不敢私利,而后可澄其源也"。

过了黄河,有一隧道,其山称为广武山。《史记》所谓楚汉俱临广武而军，所指的便是这个地方。其实，这座山并不顶高。车站的左边，有虞祠，为祭祀项羽的宠姬处。遥思当年四面楚歌，项王夜起饮于帐中，英雄末路，美人与名驹竟都不保，悲歌道："力拔山兮气盖世，时不利兮骓不逝。骓不逝兮可奈何！虞兮！虞兮奈若何！"至今犹留遗恨。而后来晋代的阮籍登此广武山，也叹道："时无英雄，遂使竖子成名。"如今台南书生连雅堂来此，抚今追古，亦深有河山寂寞之感。

这一带地方，尽是楚汉战争的遗迹。再下去，是荥泽，古地名称荥阳，汉三年，项羽围刘邦于此，若非纪信诈降，刘邦恐难脱免。站西有汉之忠将纪信祠，石碑甚巨，据说建于唐代，久已为风雨摧残损坏了。

又经古代郑国之地的郑州。其南为许州。这个地方是春秋时期的许国地。汉末，曹操挟天子以令天下，其子曹丕篡汉，黄初三年，遂改为许昌。又南为郾城，也是春秋以来的历史古迹；宋代岳飞驻军于此，遂大破金兵，收复汴京。若非降诏颁师，则庶几痛饮黄龙之酒了；而志竟不成！历史上许多成败的因果，有时竟是人为因素为巨。

接着，更经西平、遂平、确山、信阳州等地。这一区为春秋时期郑国之属地。郑国山川奥衍，国小而人寡，成为列强争夺之地。郑的国君，没有一个能与诸罢主抗衡，可谓岌岌殆哉，惟独子产能保其邦，内明政法，外治兵戎，以周旋于列强之间，所以连孔子都要称赞他："子产有辞，诸侯赖之。"而《左传》上所记载"子产不毁乡校"的故事，更可以说我国古代一位有民主胸襟的政治家，难怪孔子又赞颂他："人谓子产不仁，吾不信也。"伟大的政治家，其人格风度，的确是不受国家大小所限囿的。

距信阳七十六里，是新店。车站的西南方向，有武胜关。重峦叠嶂，形势雄伟，为得天独厚的天险。有山当路而立，凿隧道以通之，是豫、鄂两省之界，北属信阳，南为应山。南北朝分治之时，便是以此为界限的。由此而南至汉阳，则皆为湖北之地；也就是春秋时楚国的领土了。

抵达汉口以后，雅堂便投宿于旅馆中。这路上的旅行，可以称作是历史的巡礼，而雅堂又随身携带一本《史记》，时时展读，内心更有万千感慨。他写成七绝四首，题为"京汉道中展读史记拉杂得诗"：

中原睥睨无余子，乱世功名看尔曹。穷尽黄河九千里，我来广武但狂歌。

相公昨日牵黄犬，上帝今朝杀黑龙。几个出门西北笑，霸材王佐亦沙虫。

竖儒几败而公事，孺子可为帝者师。闻道白登围未解，陈平六计本无奇。

马上纵横得天下，厕中踞傲见公卿。叔孙议礼多牵强，笑杀迂儒鲁二生。

武昌是国民革命首义之地，壮夫烈士殉难之场，所以也是中华民国之发祥地，在近代中国历史上，这个地方尤值得纪念。连雅堂到此地徘徊，凭吊先烈，心中不禁感慨："文明之价，当以流血求之也！"

黄鹤楼在蛇山之上，下临江浒。登楼一望，万里江流，直奔眼底。这个楼，更由于唐代诗人崔颢题诗以来，名传宇内，千载以下，成为骚人墨客所向往的地方。不过，原来的楼已被火焚数度；光绪年间又遭回禄，后经鄂督张之洞重修。楼上有卖茗者，雅堂好品茗，当此诗文风雅之古迹，如何可以不一试？便登楼坐而饮，追思古今，凭吊兴亡，颇觉得荡气回肠，悠然远矣。下楼至都督府，访二三故人，顺途经过武昌府署。

次日，游汉阳，登大别山及晴川阁。琴台在城北二里处，此地地势较为高旷，林木翳然，是名符其实的胜地。相传为伯牙鼓琴之地。携节小憩，顿觉俗尘全消，是诗人的敏感吗？还是化文字为想象？仿佛琴音琤琤，流水高山，依稀犹在。

雅堂离开北京时，春柳猷未稊；渡河而黄；至汉而绿，如今则万缕依依，似要牵征人之恨。地理景物的变化，加上历史故事的感慨，几乎使他忘却时光的流转；而骤然的，柳丝牵动离绪，酒愁诗梦，尚滞天涯，想申江花讯促人归去，遂决计东返。

回去的路线，改采由水路。长江光景绝佳，舟行也十分愉快。两岸青山，若远若近，谅必是天地灵钟之气使然。

次日早晨，船泊九江，上岸一游。江畔有琵琶亭故址，可惜芦叶荻花，来非其时，但见细柳新蒲，绿波一色而已。入夜后，至安庆，泊于芜湖。如此停停复驶，舟行五日，过下关，历镇江而回到上海。这时候，雅堂所筹备的《华侨杂志》将发刊，所以仍寄寓于华侨联合会中。

四月二十日夜半，袁世凯唆使贼人枪击国民党代理理事长宋教仁于上海车站。消息传来，全国哗然，国民党人尤其大愤，孙中山与黄兴联名通电，主张严究宋案。

袁世凯又违法径与英、法、德、俄、日五银行订约大借款，参议院议长张继闻讯，夜半偕副议长王正廷到汇丰银行门前，想去阻止；讵料，外交总长陆征祥已签约离去。于是，张继到上海，以政府之罪告之于国人。蔡元培等人也从欧洲归国，企图止变；但众人欲以兵戎从事。章太炎又赴武昌，劝黎元洪出面调停；黎元洪原先已经答允，却为其秘书阻止。于是，南北之战遂不可避免。

当时，连雅堂在华侨联合会中，日日以国内消息电告海外；各地华侨有很多人以书信讯问时局，他也旦夕批答，致手腕为之酸痛不已。

当时国内骚乱，如蜩如螗。雅堂个人虽不忘书生报国之志，劳心国事，却亦无可如何。而东北方面，有《新吉林报》聘请入社，便欲借此机会远游关外，以观其变。于是，于六月三十日，乘舟赴牛庄（即营口）。这里有几家漳州人营商。有一个金门人王敬欣，与雅堂曾在沪上相见，便欣然尽地主之谊，导游市上各处，又参观了制油厂。

次晨，乘车赴奉天，至大石桥。这里是南满铁路的干线，向南，可以通往大连。这条铁路为俄人所筑，所以也接通西伯利亚。日俄之战，俄方败绩，割让予日本；以长春为界；南为南满，北为东清，为亚欧联络之线。其后，日本又于奉天别筑一路至安东线，渡鸭绿江而入朝鲜，以至釜山；自釜山乘船到日本门司，只要半日。而到台湾，也仅需三日。交通的发达，使得世界变小，往昔由奉天乘船到台湾，简直如同天南地北，不知要耗费多少时日，现在却只要五六天工夫便可到达。科学交通之利，不可谓不小。

满洲这个地方，是关外之地，在古代是谪官之所栖迟，征夫之所戍守，因此以其为背景而发为诗歌者，大都无聊不平之意；没想到，雅堂今天以一介书生，独提三寸之笔，到万里之外的此地来走马寻诗，射雕饮酒，这也是值得自豪的一件事了。他寄了一首诗给故乡的妻子，题为"辽东道上寄少云"：

关门杨柳马前红，万里音书寄塞鸿。莫向闺中惊晓梦，征人今日渡辽东。

车过辽阳而抵奉天。奉天为爱新觉罗氏故宫所在之地，宫中富藏珍宝，价值数千万元。由于都督府的介绍，雅堂得以入内详览。宫中之物，千奇万萃，多至不可计数。雅堂素好吉金，因为可资史籍之补充，所以他先观赏这方面：有十二厨，八百五十件，皆是周秦以上之物；次观印玺、刀剑、衣裳及书画、瓷器等。每一欣赏，都使他感叹，认为这里面所包容的，乃是我国四千年来之最精华，非仅是我国的文明而已，也足以代表东洋的文明。宫中所藏的东西，虽穷十日也看不尽。而今，走马看花匆匆浏览，已使雅堂大饱眼福了。清宫中又有文淑阁，为藏书之府，里面所收藏的书，多为外界所未见之书。雅堂平素也喜好异书，遂勾留六日，略窥一二。然而，文淑阁里所藏的书籍颇多，浩瀚如海。见有《平定台湾方略》，凡数百卷，记福康安平定林爽文事，并附图数十，遂浏览其概，以为修《台湾通史》的史料。当然，这是官书，他知道未可尽信，但又觉得不无小补。

福陵在奉天城外约八里，这里有清太宗之陵，规模虽不大，而树木茂密。雅堂来此参观，对于历史兴衰，不禁又增一感喟。

回到奉天城，他又参观了收藏丰富的北方天然物品陈列馆，以及清帝狩猎之地的围场等地。对于生长南方的连雅堂来说，这些种种，毋宁是饶富异国情调的。

于是，从长春乘吉长铁路，赴吉林。吉长铁路总长九十三里。前日一场大雨，使河泛桥折，车几不得行；本拟改道东清铁路，则须由宽城子至陶赉昭，地在松花江之南，再乘俄船到省垣，这样，路程既远，而沿江又时有马贼袭劫，实在危险。幸而第二天听说吉长火车已通行，不过，饮马河需要徒步，雅堂便轻装而往。没想到，过河时忽又大雨，状殊萧瑟，不过，倒也颇能令人领略塞上早秋的滋味。他有一首《大风雨中渡饮马河》诗，以纪此行：

短衣长剑出关遥，万里征人唱渡辽。
漠漠山河秋瑟瑟，凄凄风雨马萧萧。
歌翻勒勒笳声健，杯酌葡萄酒力骄。
今夕松花江畔路，有人携手慰无聊。

渡完河，再乘车，经土们岭，便到了目的地——吉林。

在吉林，雅堂不必住旅馆，也不必住报社安排的地方，却有故人谢幼安夫妇在欢迎着他。前引这首诗的末句"有人携手"，便是指谢幼安与王香禅。

何以如此？

原来，谢幼安与王香禅在连雅堂北上寻长城、西行访庆安以前，便因幼安受聘为吉林法政学堂教习、兼治报务的关系，而先行离沪，北来吉林了。其实，万里孤行，雅堂应《新吉林报》之聘，多少也受到谢氏夫妇怂恿的影响。幼安与香禅来到吉林后，两人分别几次三番写信给他，叙述吉林山水之佳，足供题咏云云。

车到吉林时，雨已霁，夕阳照人，路木欣欣向荣，新辟的街道也十分宽敞平坦，景色十分怡人。雅堂乘坐幼安夫妇来迎的车子，驶向他们的家，心中觉得颇不可思议。人生行止，真正是无定，就像一片浮萍，一丛飘蓬，悲欢离合，任其自然。不然，以自己这个南方遥远的海外之人，何尝料想得到会间关万里，竟有此塞上之游呢？

谢幼安夫妇的住宅极为宽敞安适，庭园既大，而房间又多，仆佣众伺。他们为雅堂布置了一间卧室及一间书房，使他由衷感觉宾至如归，既可以自由工作阅读，又不至于有客乡寂寞之憾。

谢幼安是一个好交游而性豪迈的人。他让雅堂酣睡一宵后，第二天一早，便带着这位嘉宾，到处访问当地的闻人，如满洲世家子弟松秀涛，"新吉林报社"社长杨怡山等人。当晚，由杨怡山社长在吉林最豪华的"第一楼"邀宴，为远道而来的连雅堂洗尘。斗酒赋诗，宾主尽欢而散。

连雅堂一向关心国是，一管三寸之笔在他手中，就是一把正义的剑。他到《新吉林报》报社任职后，一凭他过去的态度，撰文评论时政，笔锋十分犀利，有如利刃。这时，袁世凯的所作所为，已普遍引起国人反对，南方一片讨袁声起，而袁政府亦处处小心谨防；不多久，《新吉林报》的严厉社论引起其注意，遂被查禁。

然而，雅堂不是一个容易受挫折气馁的人。《新吉林报》关闭以后，有一个《吉林时报》的社长，日本人儿玉多一，经人介绍，有意与雅堂合作。于是，在主持公论的原则与前提之下，新的一份报刊诞生了，它的名字叫做《边声》。在袁政府的动辄得咎，高压手段之下，无论关内、关外的民间报纸都遭受摧残，没有一家报纸敢言是非，唯独《新吉林报》，由于受到林领事的支持，所以尚能畅所欲言。由《新吉林报》而《边声》，雅堂的笔调未尝改变方向。于是，在国内报界一片沉寂的气氛之下，《边声》就像东北方向的一支号角，吹向内地，那响亮的异声，震动了千千万万的人心。雅堂秉持正义，口诛笔伐袁世凯的罪状，他写的字字句句都代表着老百姓敢怒不敢言的心声，真正做到"为民喉舌"的地步。

这一份新创的刊物，得以在短短两三个月的时间里，广受到读者欢迎，销路远届云南、四川一带，正由于这个敢言的风格之故；不过，也因为它的畅销情形，自然难逃袁世凯耳目的注意，袁政府又重施故技，想要封禁《边声》。但由于它不同于国内一般报纸，而是表面上由日人所主持的，所以只得经由外交手段交涉，而日本领事却置之不理。

然而，这份一枝独秀的报刊也终难逃厄运。在袁政府的虎视眈眈之下，苦撑了三个月以后，遭受多方的压力而告结束。这是民主政治的失败，是言论自由的一大讽刺。雅堂感到落寞与愤怒，他在日记上这样写：

朔风既起，雨雪纷飞，塞上风光，一时凄冷。而《边声》遂以十一月三十日停刊，读者憾之。然余仍居此地，闭户读书，以考吉林之史。

凄冷的是吉林的冬天，凄冷的是异乡游子的心，幸而有主人谢幼安夫妇的热心款待与亲切安慰，才使他感到一丝温暖。

《新吉林报》被查禁，《边声》也告夭折。雅堂暂时不作南归之计，是因为幼安与香禅一再挽留的关系，而既然万里间关来此北地，他自己也愿意多一些收获；于是，他闭户读书。窗外是刺骨的朔风，是皑皑的白雪，然而屋内有暖暖的炉火，豪爽的主人与体贴的女主人又待他如手足如师长，所以使他可以安心生活读书。

他们三个人，经常围着炉火取暖，闲话故乡及友朋，当年沪上相识的曼君，也值得怀念。雅堂写了一首《寄曼君》，以诗代函，致问候之意：

痛饮黄龙未可期，投荒犹忆李师师。杏花春雨江南梦，衰柳寒笳塞北诗。

此日飞鸿传尺素，他时走马寄胭脂。镜中幸有人如玉，位置芦帘纸阁宜。

不过，幼安究竟是男人，在外有工作，雅堂客寓闭户读书多半的时间，自然多由香禅陪伴了。这时候，她也已经是两个孩子的母亲，却因家中仆佣众多，随时听候差遣，也用不着花费许多时间去管理家务，而喜欢诗文风雅的她，更以能有此良机亲聆教诲为荣。如今，她既身为女主人，更兼女弟子的身份，对雅堂的生活起居照拂得无微不至，且伴他斗茗赋诗，闲话古今，主客双方都感到十分投机欣慰。这个时期，连雅堂有好几首诗都是以王香禅为对象而写作：

旗鼓东南战伐频，玉关杨柳拂征尘。谁知风云穹庐夜，竟有敲诗斗茗人。《与香禅夜话》

锦屏红烛话秋心，十日骚魂感不禁。山下蘼芜香满手，江干兰芷泪沾襟。

天风楼阁能来往，弱水蓬来自深浅。青史他年修福慧，检书看剑有知音。《秋心》

离家二载余，乡愁万里，万丈雄心却受挫于现实，若不是主人亦友亦弟的细心款待，风雪穹庐的北地寒夜，实在滋味难以消受。

匆匆的，在谢宅做客已有数月，没有料想到八九年前在台北认识的那个擅唱正音的王梦痴，竟会再度以谢幼安夫人的身分细腻款待自己；人生有时候真是不可思议啊！于是，他试以香奁体作了一首题为"天上"的浪漫长诗，来记二人之间由初识台北，到沪上相逢，乃至吉林再晤的经过：

天上秋将过，人间恨已平。弃繻歌出塞，结辔拜倾城。岸柳新阴远，池荷褪粉轻。

来时呼咄咄，往事问卿卿。忆昔游蓬岛，相逢在太清。高楼居弄玉，阆苑降飞琼。

瑟鼓湘妃曲，弦调赵女筝。波翻裙带动，风引佩环鸣。镜槛看文凤，帘钩唤锦鹦。

秦云俱有意，楚雨更含情。胡蝶醒前梦，鸳鸯诉此生。已怜憔悴影，无那恼侬声。

钗桥双鬓股，棋残一局枰。匆匆闻话别，渺渺赋长征。我自消离恨，君真负盛名。

申江重握手，子夜续诗盟。细卷珍珠箔，还依翡翠屏。有时同咏燕，无处不听莺。

歇浦春潮满，袁台夜月明。蘼芜香惋晚，芍药意轻盈。别泪鲛长湿，闲愁雁计程。

相思传锦字，惆怅倚疏棂。五里花如雾，三春絮化萍。片帆辽海去，一剑蓟门行。

鸡塞云停夜，龙潭雨乍晴。乖期方积思，含笑重欢迎。驷秣芝田馆，凤栖竹坞亭。

投壶逢玉女，捣药见云英。画染芙蓉艳，诗吟荳蔻馨。金炉香袅袅，银烛夜荧荧。

射覆猜红豆，藏钩赌绿橙。晚凉妆欲卸，卯饮醉初醒。锦濯松花水，裙煎芳草汀。

梅魂争冷瘦，桂魄比娉婷。公子怀兰芷，佳人寄杜蘅。天涯同作客，感此二难并。

"对名花读书，是名士风流"，不过，《边声》既停刊，而北地的隆冬亦已度过，雅堂觉得该是向东北告别的时候了，便向谢氏夫妇表示去意。幼安好客，香禅更是依依不舍。她作了一首诗以示诚恳：

数株松竹绕精庐，绝色天花伴著书。此味年来消受惯，秋风底事忆鲈鱼？

明知雅堂在吉林只是作客，而两人竟能于十年之间，由结识到重逢，这中间自己对于这位人物的感情，则燃烧复熄灭，激动又克制，爱慕更敬重，充满着许多错综和矛盾；可是，终究像一缕青烟，不可把握……

对于香禅的好意，连雅堂只有留诗代答《久居吉林，有归家之志。香禅赋诗挽留次韵答之》：

小隐青山共结庐，秋风黄叶夜摊书。天涯未老闲情减，且向松江食鳜鱼。

附香禅原作云：数林松竹绕精庐，绝色天花伴著书。此味年来消受惯，秋风底事忆鲈鱼？

此外他更写一首《留别幼安香禅》诗：

平生不做离愁语，今日分襟亦惘然。客舍扶持如骨肉，人间聚散总因缘。
塞云漠漠迟春色，海月娟娟忆去年。宾雁未归征马健，一箫一剑且流连。

初到吉林，是在去秋七月，如今正要踏着春光离去，客中复作别，情总惘惘，然而天下无不散之筵席，人间聚散亦无可如何，只有一再叮咛，互约再会之期而已。他后来另有一阕《念奴娇》词，小题云："天津留别香禅"：

武公归矣，正满天风雪，筝琶声起。老我关山归梦远，一日梦飞千里。孤馆吹箫，长空看剑，此意知谁是。青衫泪湿，满泻幽恨如水。　　争奈烈士蹉跎，美人迟暮，分手情难已。几度相逢抛不得，更有青山青史。听雨怀人，拈花证佛，且莫伤蕉萃；江南春暖，扁舟

同访西子。(香禅有同游西湖之约)

民国三年(一九一四)春,雅堂离开吉林,暂回北京。

在北京期间,他见到了文史界颇有名望的人物,与他们当面交谈,留下丰富的经验。

他曾经在陈熙亮的陪同下,去拜访国史馆馆长王闿运。他们二人志趣颇能投和,不仅畅论史学,更及于庄子、墨家等哲学思想的问题。后来,闿运并应雅堂之请,为他书一中堂,书如下:

百里望邮亭,风尘起春色。
山川共光影,草树非一碧。
如何当窗者,坐叹金闺客。

雅堂先生雅鉴　王闿运

章炳麟是雅堂从幼年时代便十分崇敬的人物。当时被袁世凯软禁在东城钱粮胡同的一个房子里,每月给他一些银子供生活需用,却以巡警充阍人,对于来往出入的人监察甚严;不过这倒没有影响二人见面的欢愉。章太炎对于从南方来的这位青年有志之士十分欣赏,他据案高谈,滔滔不绝,如瓶泻水。雅堂则以机会难得,所以将他平素心底的种种疑难,尽量向这位长者请益,所谓"闻君一席话,胜读十年书",对于当时三十六岁的雅堂而言,实在获益匪浅。

清史馆在东华门内,当时馆长赵尔巽正广延海内通儒,负责撰述之任;得悉雅堂也在北京,便聘请为名誉协修,入馆共事。对于治史的连雅堂来说,这是一个大好良机,因为馆中所保留的许多档案,非外人所能随便浏览的，他怀着太史公览阅石室金匮之书一般兴奋的心情，翻阅各种有关台湾建省的档案，举凡沈葆桢、林拱枢、袁葆恒、左宗棠诸人的奏疏，都一一录存，以备返台后继续修《台湾通史》的珍贵资料。另一方面，又借此机会，上书力陈《清史》应增《拓殖志》，以记华侨拓殖各地的情形，并且自荐愿任为纂编此志之职。他在《上清史馆书》中，有这样的话：

……天相诸夏，共和告成。华侨之归自海外者，群策群力，胥谋建设，以宏佐新邦。而政府亦日以招徕华侨，为殖利开源之计。然而政府固不知华侨之情形，即国内士大夫亦少知海外大势，而为一考其利害。管窥蠡测，语多爽实。则以国内既乏考据之书，而华侨又不能自述其史，以介绍国人。又岂非史氏之咎欤？追怀先德，瞻顾前途，爰及子孙，用张国力，则拓殖志之作，岂可缺哉？……横生长台湾，壮游南土，欧、美、菲、澳之华侨，既习与往来矣；掇拾遗闻，旁探外史，潜心述作，于今十年。华侨联合会创立之岁，多士最于沪上，提议纂修，佥有同志，期月之间，惠书盈箧，而奔走风尘，未遑笔削。私心耿耿，寝馈不忘。今史馆既开，征文考献，以横不肖忝侍诸贤，何敢不贡其诚以扬国家之休命？如蒙俞允，命辑斯志，伸纸吮毫，当有可观。岂唯史氏之责，民族之兴，实式凭之。敬布鄙怀，诸维亮鉴。

书生报国的热情，跃然纸上。不过，没有多久，雅堂接到母亲刘氏和妻子筱云促归之书，便有离京返台的意思。

刘氏和筱云何以突然驰书促归？

那是因为他们的次女春台突然夭折的缘故。这个女儿当时只有十三岁，平日温顺内向。一天，她去外面看热闹，回家便感不舒服，又怕母亲挂虑，便自己偷偷拿了剧药"六神丸"服食。或许由于药丸子很小，不慎服食过量，未几便不省人事，口吐白沫，待家人发现，延医诊治，已回天乏术。

雅堂疼爱子女，筱云和婆婆商量，怕他知道实情后会不堪此一大打击，所以信上并没有提到这事情，只表示去乡已久，老母思念，要他尽速回来而已。

既然归期在望，而重游大陆又不知在若干年后，于是他多方奔走，并请尊长友朋题字留念。章炳麟给他写了一首七言绝句：

蓑墙茸屋小干巢
胡地平居渐二毛
松柏岂容生部娄
年年重久不登高
　　书赠雅堂　章炳麟

胡适也给他题一面扇：

山下绿丛中，憋瞥见飞檐一角，惊起当年旧梦，泪向心头落。对他遥唱旧时歌，声苦没人懂，我不是高歌，只是重温旧梦。

他又多方搜购光、宣以来所出的各种新书。计有梁启超《饮冰室茶集》、严复所译《天演论》《原富》《法意》，以及康有为、谭嗣同、章炳麟、林纾等人的著作多种。

图1 王闿运赠雅堂先生之中堂
（一九一四年）

图2 章炳麟书赠雅堂先生七言绝句
（一九一四年）

百里望邮亭，风尘起春色。
山川共光影，草树非一碧。
如何当窗者，坐叹金闺客。
　　　　　　　雅堂先生雅鉴 王闿运

衰墙菅屋小于巢，胡地平居渐二毛。
松柏岂容生部娄，年年重九不登高。
　　　　　　　书赠雅堂 章炳麟

十 名山绝业

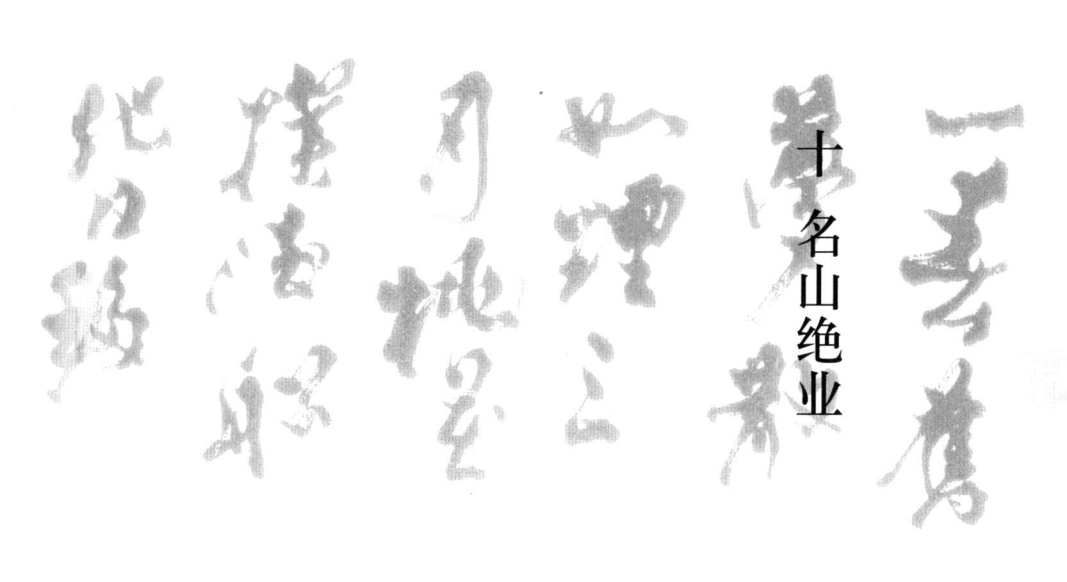

民国三年（一九一四）冬，连雅堂结束了为期三年的大陆游历，回到了故乡。船泊基隆后，先在台北停留。夜访故友魏清德，出示在大陆期间所作的百数十首诗，并请代为写序。清德是雅堂五年前认识的文章知己；他的父亲魏绍吴，为人沉潜含蓄，颇具古之隐君子风度，也十分受雅堂尊敬。

于是，从台北乘火车直奔台南。

入得家门，雅堂的心情悲喜交集。三年的时间，并不算太久，妻子依然美丽如去乡时，孩子们长大些了；可是，次女春台竟已夭折！他错愕悲痛，悔恨茫然，但是，看到筱云眼中滴下大颗的眼泪，他只有强忍悲哀，反而安慰妻子。三年来多亏这个娇小的妇人，服侍老母，养育子女，她不敢在信上明言，则别有苦衷；那是怕增加自己旅途上的精神负荷啊；可怜她独自承担这许多的责任，不知道过去一段时间里，她内心有多沉重多焦虑啊。雅堂甚至觉得愧疚，在女儿病重危笃时，自己竟逍遥在外，而没能够分忧。

然而，往者已矣，叹息、眼泪、哀恸都不能使爱女再回到这个世界来。在筱云的陪同下，他到春台的墓地，为她上香、供花、烧金纸。愿她在天之灵安息，希望她能体谅为父内心的愧疚。

十 名山绝业

台南的亲友们闻悉雅堂已经返乡，莫不竞来探望把晤，并且纷纷索诗传观。行万里路，的确有助灵感，他把旅中所作的诗取出整理，共得一百二十六首。朋友们都劝他应该把这些诗付梓传诸世间，而他自己也希望借此留为记念，于是，便重新写了一封信给在台北的魏清德，请为撰序。由于这一百二十六诗皆是游大陆三年时间里所作，便定名为《大陆诗草》。雅堂自己也有一篇序文：

连横久居东海，郁郁不乐，既病且殆，思欲远游大陆，以舒其抑塞愤懑之气。当是时，中华民国初建，悲歌慷慨之士云合雾起，而余亦戾止沪渎，与当世豪杰名士美人相晋接，抵掌谭天下事，纵笔为文，以讥当时得失，意气轩昂，不复有癃惫之态。既乃溯江、渡河、入燕都，出大境门，至于阴山之麓，载南而东渡黄海，历辽沈，观觉罗氏之故墟，而吊日俄之战迹，若有感于东亚兴亡之局焉。索居鸡林，徘徊塞上，自夏徂冬，复入京邑。将读书东观，以为名山绝业之计，而老母在堂，少妇在室，驰书促归，弃之而返。至家，朋辈问讯，辄索诗观。发箧视之，计得一百二十有六首，是皆征途逆旅之作，其言不驯。编而次之，名曰《大陆诗草》，所以记此游之经历也。

嗟呼！余固不能诗，亦且不忍以诗自囿。顾念此行，穷数万里路，为时几三载，所闻所见，征信征疑，有他人所不能言者，所不敢言而亦言者。孤芳自抱，独寐寤歌，亦以自写其志而已。杀青既竟，述其梗概，将以俟后之瞽史。

　　　　　　乙卯仲春　台南雅堂连横序于剑花室

在那个时代，文人为自己的诗文集子写序，并不作兴表示对亲朋家属的谢忱，但是，如果要说连雅堂之有这个诗集的出版，乃至于他能够有大陆三年游历的良机，首先他要感谢的应是妻子沈筱云。虽然，在自序中他一字不及于筱云，但看他的《寄少云》四首七绝，便可以知道诗人心底是如何的感激妻子了：

　　三年乡梦落关河，大地风云昔昔过。诗愈雄奇身愈健，此行足慰细君多。

　　米盐碎琐家常事，文酒风流侠少时。我不封侯卿未老，青山招隐阻归期。

　　男儿铸史女绣诗，武公之子乃尔奇。赖君为母兼为父，昼课男儿夜女儿。

　　藏书已得九千卷，论史旁通廿五朝。从此潜心求绝业，名山风雨不飘摇。

　　另一首《归家示少云》，也充分看得出雅堂对筱云深厚的情感：

　　三载浪游所得何？百篇诗卷压归舟。昂头太华山笑低，濯足溟沧水倒流。

　　天以奇才锡忧患，我闻绮语散离愁。今宵酒绿灯红畔，共倚阑干看斗牛。

　　二人间深刻的了解，诚挚的爱情，这种和平自在的境界，只有多年的夫妻才能领略。

　　等旅途劳顿过去后，雅堂又回到他的旧日工作岗位"台南新报

十　名山绝业

社",重任汉文部主笔之职。这时期他三十八岁。原本比较羸弱的身体,因为三年的游历而完全回复健康,游历也增益拓宽了他的知识胸襟。生命如日中天,他感觉到精力旺盛,热情洋溢,要做的工作计划太多太丰富了!他一方面忙着本分的报务,陆续发表三年所作的诗文;另一方面则继续撰写未完成的《台湾通史》;更以搜集史料所得及平日观察的种种,另著短文。这些短文,后来汇集成为《台湾通史》的副产品《台湾赘谈》,也在《大陆诗草》出版次年付梓。

《大陆诗草》出版后,雅堂便以其书寄赠于章太炎。章太炎对于雅堂诸作颇为喜爱,对于那孤臣孽子之情,激昂慷慨之辞,更是十分感动,曾经批评道:"此英雄有怀抱之士也!"而台湾文坛诸士,也都视此集出版为一盛事,纷纷赠诗称赞祝贺,下面举三例:

万里归来连剑花,朔风吹发动鬖鬖。
久悬佳传规仓米,满写新诗入壁纱。
是处钓游名士辙,中宵歌哭酒人家。
出门我亦方西笑,看汝先驱建德车。(林资修 《题大陆诗草》)

挟策中原试壮游,俗儒狂笑腐儒愁。
著书直括三千载,泼墨横流十二州。
大块文章归史笔,小庐风雨恼诗囚。
无端复唱江东去,绝响铜琶弄未休。(李书 《前题》)

天地生才本不丰,七鲲乃有连武公。

读书万卷行万里，使笔如剑气如虹。

宋艳班香合身手，河黄塞紫吞胸中。

一篇大陆新吟草，雕绣人间作虎龙。（赵镜麒 《前题》）

雅堂生性爽朗好友，所以他虽工作忙碌，仍未断绝与骚人墨客的来往，由于他为人正直而又才气高，所以交游满天下，人缘也极佳。在他游大陆之前，因迁居台中，而参加台中的诗人组织"栎社"，但原属"南社"的会员籍并没有取消；此度重返家乡，"南社"的新旧诸友莫不欣喜异常。他们特别为雅堂而举办了一次公宴以为接风，地点是在台南的名胜"固园"，时间是在初春，因得兼以嬉春。这次的聚会十分别开生面，大家事先约定，凡参加者每个人都得乔装前来。

台南的初春，不冷不热，气候正宜人。那天出席者共有三十二人，果然个个人都在家费尽心血把自己打扮了一番：有化装成唐三藏者；有穿西洋妇女的长裙，头戴花帽，手执洋伞者，有一副英国军装，外加一支步兵枪者；有高帽燕尾服装扮者，更有戴浓须，裹头巾，装成印度人者……花样百出，应有尽有。每一个会员的来临，都令人捧腹不止。雅堂是最后一个到场的人。至于他乔装得如何？他把平日中分的头发刻意抹上浓浓的发蜡，垂覆前额，以仿新式妇女发型。身上那件紫红色镶花边的上衣，是向长女夏甸临时借用的，由于他身材高瘦，所以能够勉强扣得上一个十八岁的女装衣纽，可是，应该齐膝的衣摆，却只能盖住臀部，而下穿的则是自己的一条黑色西装裤，再下面是一双大脚着革履。他这一身打扮，上身是女装，下身是男装，且亦中亦西，可谓不伦不类，博得全场人爆笑。

这一天众人在"固园"吟诗赋文，把臂畅谈，忘怀俗尘琐务，天真浪漫，十分尽兴。并请来了摄影师，合影留念，题曰"南社嬉春图"。雅堂自己写了一首诗作纪念，题为"题南社嬉春图"：

大道有端倪，真人得其窍。凿破混沌心，各擅明生妙。娥娥南社徒，嬉春姿奇纱。

变化若有神，一一尽穷肖。而我独好奇，化作美人妙。罗裙六幅裁，拈花睇微笑。

以此不坏身，幻为天花绕。吁嗟造物心，众生亦微藐。虫臂与鼠肝，随形赴所召。

断鹤而续凫，其名为诡吊。吁嗟南社徒，游戏亦天矫。纷纷浊世中，面目谁能晓？

盗跖而孔丘，衣冠虚其表。臧获即侯王，贵贱本同调。况值春光和，万物各震曜。

写此春人图，收作春诗料。我亦图中人，题图发大笑。

然而，不幸的事情在这一年发生了。

连雅堂的母亲刘妙娘因体弱多病，终于五月二十三日去世。享年六十八。雅堂是妙娘的幼子，也是她最疼爱的儿子。自从十八岁丧父以来，二十年间，他克尽人子的孝道。然而，生离死别本是人生常事，命运大限也无法改变；而今，雅堂心中有一些遗憾，那便是在老母在世的最后两三年里，自己离家远游，未能朝夕伺候在侧；所幸自己奉得母命便及时赶回来，尚能亲自扶持病榻边，这一点倒是聊可告慰的了。于是，在悲哀之中，办理丧事，让母亲附葬于父亲的墓旁。三十八岁的连雅堂，失去了双亲，天地茫茫，举目无亲，他成为一个孤儿；不过，肉体之躯终有衰灭的一日，如何使孝心永不灭亡呢？古代有"哀毁骨立"的孝子，但这是消极的孝道，积极的孝道应该是《孝经》所说："扬名荣亲"，为报答双亲养育之恩，莫如专心撰著，以扬名荣亲。雅堂有此信心。他强抑悲痛，以此自勉。

这一年，真是祸不单行。十月初，雅堂的好友台中"栎社"的领导人物林朝崧亦因病去世，年仅四十一。他们二人交往的时间虽不短，却自三年前雅堂赴大陆游历以后即未谋面。去冬返台时，雅堂自台北南下，又因归心似箭而没有在台中下车。谁料得到不幸的消息来得这样突然，而三年前一别，竟成天人永诀。

在丧礼上，雅堂会见了同样阔别三年的台中文友赖绍尧。握手道故，悲欢交集。不知是哭亡友的泪眼蒙眬，还是时光无情，竟觉得三年不见，绍尧已须发苍然，形神憔悴了。

老母故去，又失好友，雅堂在短期内连续受这两大打击，心中委实悲苦。何以忘忧？然而他决不是一个消极颓废的人。忘忧？忘忧的方法唯有一途——工作。工作使人精神集中，工作使人无暇旁顾；于是，他更加发愤著述。

中华民国已经建立，而自己也畅游过大陆；这方面，雅堂觉得十分安慰，然而，另一件使他耿耿于怀的《台湾通史》却仍未完成。他常常对筱云说："我生平有两大愿望，其中的一个已经完成，现在只剩通史还没有写完；我如何对得起台湾呢？"于是，处理报务之余，他把大部分的时间用于《台湾通史》的写作，每天工作到深夜。

那一阵子除了写通史之外，雅堂便在有限的时间里教长女夏甸许多古文，那时夏甸已经十八岁。她原在台北就读于高等女子学校，一年前因病返家养疴，身体已逐渐康复中；可是她的母亲因为刚失去次

十 名山绝业

女春台，所以舍不得再让夏甸远离身边，便让她在家待着。游旅大陆三年的时间里，筱云侍奉婆婆，又教养孩子们，正如诗所云："赖君为母兼为父，昼课男儿夜女儿。"雅堂回想起来，心中对妻子充满感激，也对儿女感到内疚。他最疼爱这个酷似筱云的长女，而他的思想是十分开明前进主张男女平等的，所以居家时，常亲自课授中国古诗文。他先教夏甸背《诗经》，接着又讲解《昭明文选》和《左传》、《史记》类的散文和史笔。雅堂曾跟这个女儿说："阿女呀"——这是他对夏甸的昵称，"你要好好念书。阿爸要把你训练成台湾第一个女性记者"。这话他是当真的，因为这时候儿子震东只十二岁，还太小，看不出将来的发展如何；而夏甸已经十八岁，她美丽能干，又喜读诗文，雅堂颇有意在自己的长女身上看到男女平等的思想实现。夏甸也最敬爱父亲，他们父女的感情十分亲密融洽。当时日本人已在台湾推行日式教育，公众场合说日语，学校当然更是没有机会说闽南语读汉文了。所以在家中养病的夏甸，由父亲教授中国的诗文，时时又讲解历史故实，反而丰富了她知识的范围，比起同侪女学生更多了一层扎实的国学根底，令她日后受用不尽。

虽然连雅堂在公务方面忙于《台南新报》，私人的工作又以著述《台湾通史》为第一要事，可是知道他学识的人，却希望让他的才学做多一份的贡献；许多地方人士希望雅堂于百忙之中抽出一些时间办教育。于是，他在西区街长役场觅得一个地方，创办了小规模的夜校。一星期授课两次或三次——视工作繁简而定。课目内容包括：国文、中国史、西洋史以及中外历史的比较，而由于他正从事《台湾通史》的写作，所以心血来潮时，有时亦以延平郡王事迹为专题演讲的主题。学生有二三十人，其中包括一些亲朋弟子，如张振梁、王开运、蔡朝聘、黄荣桩、许禄、黄溪泉等，他讲学的态度是极为认真的。

　　于文学，雅堂特别重视《诗经》、《楚辞》，这古典文学的二大源流，以及于《昭明文选》，唐、宋诗文。他从历代文学之中选其精华，仔细讲解，并指导学生欣赏及批评写作的正确途径。于史学，他不仅注重辨实客观的态度，更提倡正义凛然的民族精神。由于他博闻强记，所涉猎的中外史籍极多，所以讲述的内容十分生动丰富，时时引古证今，融汇中西，使听者印象深刻难忘；而他自己也兴趣甚浓，往往不知不觉讲授的时间超过所规定的时间。

　　对于后辈新秀的奖掖，连雅堂不遗余力。这一年，"南社"的一些年轻少壮社友别树一帜，另外创立了"春莺吟社"。雅堂对于他们这一个举动非但没有门户派系之嫌，反而以自己任报务之便，经常鼓励他们将作品在《台湾新报》上发表，使他们增加信心。因为他相信民族精神、文学命脉是需要如长江后浪推前浪，一代一代相衔接，也期望一代比一代更进步；然则以先辈的身份地位，对于这些年轻人助以一臂之力，正是理所当然之事。

　　忙碌，是为了克制亡母丧友的悲痛，然而忙碌的工作也使生活更加充实起来。而且，奇怪的是，他的身体竟然并不因报务繁忙，熬夜著史或授课而影响健康。虽然生死大限之无奈无时不萦绕脑际，逐渐实现个人理想抱负的生活，倒是令人满意的。为调剂繁忙的工作，为着暂缓紧张的情绪，他偶尔也出外走动。

　　这一天，他忽然心血来潮，想去扣访故居——宁南坊马兵营。

　　二十年了。马兵营为日军的铁蹄强行夺去，已整整二十年。这一长段光阴，足够使一个孩童变成为成人，青年步入中年，中年人进入老年。从前如诗如画的生活早已无从寻觅，全体族人再也无法齐聚一堂，那些雕栏画栋，奇花异草，全被夷为平地，那永逝不回的少年时光啊！那亲族共享的欢乐温馨啊！都像一阵风过，烟消云散了。民国虽建，但台湾尚未光复，站在这片似曾相识的土地上，连雅堂的心怆痛不已。往事如梦，无限的心酸使他悲怆地写下一字一泪的七绝——《过故居有感》：

海上燕云涕泪多，劫灰零乱感如何？马兵营外萧萧柳，梦雨斜阳不忍过！

诗是凝练的文字，抒发之不足，他又撰写一篇散文的《过故居记》：

宁南坊之内有马兵营者，郑氏驻师之地也。附城而居，境绝幽静。自我始祖即处于是，及余已七世矣。宅十亩有奇，植竹为篱，南无之果数十章，皆大合抱，高或四五十尺。夏时结实累累如绛珠；或碧若玉，味甘而冽，称佳果。菩提、龙眼之树称是。皆我先大父所植者。宅外有道。夏秋间山水骤涨，自城隅来，当门而流；至八九月始涸。鲤鲫之属逐队游泳，旦夕掬之以为乐。宅面西立。以人众稍隘。余十二岁，我先君扩而大之，可居二十余人。又买近旁吴氏园，为余兄弟读书。吴园有宜秋山馆，雪堂司马所建，而谢管樵曾寓其中者也。馆外有亭，绕以栏，旁凿塘，种荷其中。花时清香入户，读书其间，饶有悠远之致。吾家固多花卉。抹丽盛时，每日可采一篮以饷亲友。而余又爱花，庭隅路畔，几无隙地。兰蕙之属以十数，晚香玉以百数。台南天气温燠，每当十月之交，兰、菊、桃、荷合供一瓶，亦奇观也。

　　我先君经商数十年，自是多家居。夕阳西下，树影扶疏，辄扫落叶瀹水煎茶，坐石上谈家常事。吾家之井水绝甘，汲者投一钱，日可得百数十文。先君好读春秋、战国书及三国演义，所言多古忠义事，故余得之家教者甚大。其时我二兄已入泮。士大夫之来我家者，必竭诚款待。春雨之后，新笋怒生，劚而烧之，用以飨客，食者靡不称美。或果实成熟时，猱树而摘之以饷客，客无不果腹者。余时稚虽少，顾读书养花之外，不知有所谓忧患者。熙熙皞皞，凡五六年，而余戚至矣。乙未六月二十有四日，先君见背。是时戎马倥偬，既卜窀穸，而刘永福遁吾家，遂为军队所处。未几，又为法院所卖，改筑宿舍，而余亦侨居城西矣。阅今仅二十年，而一过故墟，井湮木刊，尚认钓游之处。追思少年时乐，何可多得！

　　面对着日人所毁坏的故居旧址，连雅堂想起了自己的年少时代，自己的家人和此生难忘的宁静生活。花木草地人物事迹犹昨日今日似的鲜明生动，但马兵营已非连氏宅第，甚至兵马倥偬，刘永福的军队驻遁的痕迹都不见了；眼前是日人强购而改筑的法院宿舍。

　　时间转移着，地理空间难免有变化。处身其中的人或有今昔的感触，但后代的人；后代的后代，怎能够记忆这一些，知道这一些？除非有文字记述，保留事实！

　　连雅堂从个人的经验和体悟，愈发坚定了著史的使命。这是自己肩负的使命。不，不是只为了一己，是为同胞，为全台湾人所负责的重要事情！

　　日本人占领台湾后，有许多古老的历史遗迹都在其所谓"开化"、

十　名山绝业

"现代化"的借口之下被毁坏了，实则，其背后是更隐藏着恶毒用意的；他们想要一一泯灭古迹，逐渐铲除台湾同胞的民族意识。这一点，连雅堂看得很清楚。马兵营故居之被收购是在十八九年前，那时候他只是一个及冠的青年，衷心虽然悲痛愤怒，却无力反抗；可是，在以后的日子里，他维护古迹，不遗余力。例如在二十六岁那年，便曾经发动乡人力修"五妃庙"（此事前文已述及）。如今，日本政府又以扩建台南第一公学校为理由，要夷毁法华寺北面的闲散石虎之墓。雅堂认为石虎虽然不知其为何许人，却是明朝遗民。当年延平郡王独申大义于天下，开辟东都以存明朔，一时忠愤之士有八百余人奉冠裳而渡鹿耳，其中大部分人已因史文零落而无由闻知；虽然如此，他们凛然的民族精神足供后世之人永怀不绝。这样的历史遗迹，纪念修护之唯恐不及，如何可以任意毁坏！他从一个泥水匠口中获知此消息后，连忙与友人张振梁乘人力车赶往探视，并且请于官；然而日人既有兴建学校亦造福人群的冠冕堂皇借口，遂力争无由，只得采取折中办法；将墓移于法华寺的后园"梦蝶园"中。他为这件事情，写了一篇《祭闲散石虎文》，又写了一首诗并自为注脚，题为"法华寺畔有闲散石虎之基，余以为明之遗民也；将遭毁掘，乃为移塟梦蝶园中。为文祭之，复系一诗"：

草长鹃啼事渺茫，残山剩水更悲伤。

姓名未入遗民传，碑碣空留古寺旁。

梦蝶客归园月冷，骑鲸人去海波荒。

南无树下优昙畔，寸土犹能发异香。（园中有南无十数株，又优钵昙花，则塟于此）

日本人愈是存心毁灭台湾史迹文化，连雅堂愈是挺身保护。他著《台湾通史》便是基于这个立场原则。而且日本人正普遍而大规模地推行日语，名为"国语运动"。雅堂便觉悟须得极力维护汉文、闽南语于不坠。于是，他利用报务、著史之余暇，浏览群籍，以考闽南语之源，编纂《闽南语辞源》。推敲文字、引证古今书籍；风俗习惯，每有所得，拍案自喜，亦颇能自得其乐。而这些零星的心得与记述，也就在这一年之中汇辑成为《台湾赘谭》，于七月出版。在自序中，有下面几句话：

……横海隅之士也，投身五浊，独抱孤芳，以砚为田，因书是获，自维著述，追抚前尘，爰撷旧闻，网罗遗佚，吮毫伸纸。积月成编，征信征疑，尽关台事，命名稗史，窃附九流。夫虞初为志，足辅诗书；小说所陈，亦资观感；然而蒙叟削简，十九寓言，齐赘绝缨，二三隐语；鹪鹩偃鼠之喻，豚蹄盂酒之讥，触绪引伸，凭空结撰，纵横以来，其风靡矣。台湾为南服之国，岛是田横，人呼苍葛，顾文运虽开，而书缺有间；是以稗海之游、东槎之录、瀛壖之咏；赤崁之谈，事类凿空，语多浮荡，君子耻焉。横既撰台湾通史，又以其余力，著述此书，揽古之心，悠然远矣……

寥寥数语，道尽心志，可以看到一介书生为保存家乡文化所做的努力。同乡故友黄清渊在览阅此书后，曾提出意见及资料补充，并且虔诚地颂赞道："谓吉金贞石皆宜保存，诚为名言。"其实，雅堂所注意的也不仅止于古迹金石而已，在个人的著史写作以外，他更旁及于台湾的地理、山川、人物、风俗、人情以及政治革新，文化递嬗，乃至于异族统治压迫下慨慷悲歌的诸吟咏。他把这些资料搜罗而旁征博引，便又辑成了《台湾诗乘》。下面引述一些雅堂自己的文字，以见其编纂诗乘的用心良苦：

余阅邑志所载台人著作，有陈鹏南《淑斋诗文集》四卷、张从政《刚斋集》二卷……大都有目无书。唯《府志》有陈斗南之诗数首，余皆不见。盖以台湾刚剖厥尚少，印书颇难。而前人著作，又未敢轻率付梓，藏之家中，以俟后人；子孙而贤，则知宝贵，传之艺苑，否则徒供蠹食，甚者付之一炬。以吾所见，固不系其家之贫富也……然后知著书非难。故余不得不竭力搜求，以保遗芳于未坠也。

台湾三百年间，能诗之士先后蔚起，而稿多失传，则以僻处重洋，剖厥未便，采诗者复多遗佚，故余不得不急为搜罗，以存文献。诗曰："惟桑与梓，必恭敬止。"

况于耆旧之文采，而可任之湮灭乎？

余撰诗乘，搜罗颇苦，凡乡人士之诗，无不悉心访求；即至一章一句，亦为收拾，固不以瑕瑜而弃也。志乘凋零，文献莫考，缅怀先辈，剩此遗芳，录而存之，以昭来许，差胜于空山埋没也。

畅游大陆返台后的三年里，连雅堂先后发表刊行了《大陆游记》、《大陆诗草》、《台湾赘谭》；而《台湾诗乘》也在积极编辑着，但是，这一切的成就都不如《台湾通史》的完稿震撼人心，也令他自己欣慰。

民国七年（一九一八）八月一日，连雅堂在剑花室为他的不朽巨著《台湾通史》撰写自序：

台湾固无史也。荷人启之，郑氏作之，清代营之，开物成务，以立我丕基，至于今三百有余年矣。而旧志误谬，文采不彰，其所记载，仅隶有清一朝；荷人、郑氏之事阙而弗录，竟以岛夷、海寇视之。呜呼！此非旧史氏之罪欤？且府志重修于乾隆二十九年，台、凤、彰、淡诸志虽有续修，局促一隅，无关全局，而书又已旧。苟欲以二三陈编，而知台湾大势，是犹以管窥天，以蠡测海，其被囿也亦巨矣。

夫台湾固海上之荒岛尔，筚路蓝缕，以启山林，至于今是赖。顾自海通以来，西力东渐，运会之趋，莫可阻遏。于是而有英人之役，有美船之役，有法军之役；外交兵祸，相逼而来，而旧志不及载也。草泽群雄，后先崛起，朱、林以下，辄启兵戎，喋血山河，藉言恢复，而旧志亦不备载也。续以建省之议，开山抚番，析疆增吏，正经界、筹军防、兴土宜、励教育，纲举目张，百事俱作，而台湾气象一新矣。夫史者，民族之精神，而人群之龟鉴也。代之兴衰、俗之文野、政之得失、物之盈虚，均于是乎在。故凡文化之国，未有不重其史者也。古人有言："国可灭，而史不可灭。"是以郢书、燕说犹存其名，晋乘、楚杌语多可采。然则台湾无史，岂非台人之痛欤？

顾修史固难，修台之史更难，以今日修之尤难。何也？断简残编，搜罗匪易；郭公夏五，疑信相参，则征文难；老成凋谢，莫可咨询；巷议街谭，事多不实，则考献难。重以改隶之际，兵马倥偬，档案俱失，私家收拾，半付祝融，则欲取金匮石室之书，以成风雨名山之业，而有所不可。然及今为之，尚非甚难，若再经十年、二十年而后修之，则真有难为者。是台湾三百年来之史，将无以昭示后人，又岂非今日我辈之罪乎？

十 名山绝业

横不敏，昭告神明，发誓述作，兢兢业业，莫敢自遑，遂以十稔之间，撰成台湾通史，为纪四、志二十四、传六十，凡八十有八篇，表图附焉。起自隋代，终于割让，纵横上下，巨细靡遗，而台湾文献于是乎在。

洪维我祖宗渡大海，入荒陬，以拓殖斯土，为子孙万年之业者，其功伟矣。追怀先德，眷顾前途，若涉深渊，弥自儆惕。呜呼念哉！凡我多士及我友朋，惟仁惟孝，义勇奉公，以发扬种性，此则不佞之帜也。婆娑之洋，美丽之岛，我先王先民之景命，实式凭之！

大正七年秋八月朔日，台南连横雅堂自序于剑花室。

这一年是中华民国七年，但当时台湾割让与日本已经二十三年，公开的纪元都采用日制，所以雅堂这一篇序文也不得不采日本的纪元"大正七年"了。"剑花"是雅堂的字号之一（武公、雅堂、雅棠、剑花，都是他自取的字号。至于他的妻子名为沈璈，字少云，雅堂又为她取筱云、筱澐等号）。"剑花室"则指他台中的住所"瑞轩"（瑞轩为台中雾峰人林瑞腾之居所）。

这一年，连雅堂四十一岁，回顾他著史的动机，肇始于少年时代，而认真下决心动笔，则在三十一岁之时。那时他一面在台中主持"台湾新闻社"汉文部，一面奋力为发扬民族精神，维护大汉民族的优秀传统，开始了这个艰巨而规模宏大的工作。十年来的独立惨淡经营，个中甘苦，不是笔墨所能形容的；然而，有志者事竟成，他终于完成了任务。

《台湾通史》全书分三十六卷，近四十万字。起自隋朝大业元年（六〇五），迄清代光绪二十一年（一八九五）台湾沦陷于日本的史事，凡一二九〇年，这本书的撰写方式略仿汉代司马迁《史记》龙门笔法，分纪四、志二十四、传六十、表一〇一，列于各志之中，附图十四，编印在凡例之后。

虽然《台湾通史》在著述的形式上与汉代司马迁所撰之《史记》类似，而雅堂自己在书前的"凡例"里也提到："此书略仿龙门之法"，但二书于同中却有分别。《史记》的内容起自黄帝，讫于作者所处的汉武帝时代。《台湾通史》则始于中国的隋代，终于中国的清代。尤其是时限设在光绪二十一年，所表现的是什么？那一年，正是雅堂十八岁，是国仇家恨，永不能忘记的一年。乙未那一年的四月十七日，清廷与日本签订割台之《马关条约》。被清廷遗弃的台湾人民成立"台湾民主国"，试图抗议自救，终因双方兵力悬殊不敌，而节节败退南下。雅堂的父亲连得政忧思成疾，一夕而亡政。一八九五乙未那年是中国的清光绪二十一年，然而，改隶为日本殖民地的台湾，却正将改纪元为日本明治二十八年。把前无古的台湾历史之记述终止于改隶为日本属地称日本纪元之前，这岂非是连雅堂不屈服于异族统治、表示爱国保种的良苦用心吗？

再者，《台湾通史》的第一部分为纪：卷一开辟纪（起隋大业元年，终于明永历十五年）、卷二建国纪（起明永历十五年，终于三十七年）、卷三经营纪（起于康熙二十二年，终于光绪二十年）、卷四过渡纪（起光绪二十一年终于是年九月。此篇原名独立，嗣以字义未妥，故易之）。通过此四个中国各代的纪元，连雅堂记述了海上之荒岛台湾，与中国大陆发生关联；复经荷兰人之入侵；郑成功三世三十八年维系明朝在此；而全书以光绪二十一年终止，表现了作者强烈的民族精神，以中国为中心的态度。其实，卷四原名为"独立

十 名山绝业

纪"，后因受日本官方的反对，才改为"过渡纪"。至于通史的最后一篇，卷三十六，列传第八，为记载台湾抗日的英雄志士之传记，所以内容与篇名"独立"是相为呼应的。

记载事实的现象，以及其前因、后果，固然是史书的重要目的，但历史因人而产生，所以司马迁重视人的传记；而且，参与历史的人物，也未必全都是身份高贵的人。尽管在编写的时候有"本纪"、"世家"、"列传"以别其地位，但太史公心中自有一把尺度，此其所以把项羽列入"本纪"，而刺客、滑稽皆可以入传的道理。太史公书的另一个特色为，记人的传记之后，每有"太史公曰：云云"，以为论述表赞。连雅堂推崇司马迁史笔，他的通史于记述文字之后，也每每有"连横曰：云云"，以为评论。例如卷三、卷十三《刘铭传列传》文后：

连横曰：台湾三百年间，吏才不少，而能立长治之策者，厥维两人。曰陈参军永华，曰刘巡抚铭传。是皆有大勋劳于国家者也。永华以王佐之才，当艰危之高，其行事若诸葛武侯；而铭传则管商之流亚也。顾不获成其志，中道以去。此则台人之不幸，然溯其功业，足与台湾不朽矣！

前人作史，多详于礼、乐、兵、刑等官方事项，而缺乏记述民生之丰富，民德之隆污。连雅堂认为"国以民为本，无民何以立国？"所以书中各志，乡治以下，尤多有民事之记述。至于台湾的地名，多出自原住民的语言，例如"宜兰"在没有列入版图以前，依原住民的发音，称作"噶玛兰"，所以雅堂在记述前时事物，都称"噶玛兰"；待入版图后始书为"宜兰"。虽然，他与当时及其后绝大多数的汉人一样，持汉民族中心的看法，行文中每称原住民为"土番"，但是对于历史事实的记载叙述方面，毋宁是持客观态度，而于原住民的语言系统也是十分尊重的。

《台湾通史》的完成，在连雅堂惨淡经营之下，费时十年。于"凡例"的最后，他表明了自己的撰著原则：

> 作史须有三长，弃取详略，尤贵得宜。台湾前既无史，后之作者又未可知。故此书宁详毋略，宁取毋弃。

身为第一位台湾历史的撰著者，这些话是多么的语重心长。在这方面的贡献，雅堂真正可称作"筚路蓝缕，以启山林"。当时台湾沦陷于日本已经二十余年，虽然民国建立，新景象可指望，但乡土光复之期尚未可预知。连雅堂所忧虑者，倘中国人自己不撰修台湾的历史，而此工作竟落入日本人手中，则是非曲直之尺度不可逆料，子孙后代将永远无法得知历史真相了。当年十三岁的少年曾发愿于心，誓为台湾述作史书；经历乙未的国仇家恨，而其志弥坚。《台湾通史》的撰修，对于连雅堂言之，实为出于一种个人的使命感，也是多少年以来自认天职的大事业。

汉代司马迁得其父司马谈临终嘱咐著史，终修成《史记》。连雅堂少时受父亲连得政赠以《续修台湾府志》，因萌著述《台湾通史》之志。古今二人写作的动机态度，极为近似。实际上，司马迁也是雅堂心目中最为敬佩的典范楷模。他阅览石室金匮群书，遍访地理古迹幽微，是以行动追随太史公的作为。至于其史笔风格之相接，更非偶然。连雅堂自己承认续接了司马迁的著史精神，所以他在自题卷末

十 名山绝业

的第三首有句："马迁而后失宗风"，表明自己就是司马迁宗风的继承者。至于第一首中的"三百年来无此作"，或予人自信、自负之感；但是大凡完成长期大工作的人，难免多少都会有这种释然满足的感觉。雅堂于写完通史的最后一个字，放下笔墨后，坦白而天真地写出了他的心情。遥隔两千年的时光，或许放下《史记》的史笔，司马迁也曾经有过如此释然满足又自信自负的心情的吧。

不过，在脱稿后，他仍恐有所不详备，所以分赴各地以请教于诸有道。他曾经说过："夫通史告完成，虽为雅棠不朽之事功，然固台湾之史也；为台湾之史，则非一人之私言，而为台湾之公言也，盛衰兴亡，盈虚消长，于是乎系。夫史者民族之所凭依也，台湾布政以来，几三百载，旧志发刊，亦有数种，而多不知史义，紊乱无伦，如府志者且多误谬。故雅棠不揣其力，孜孜矻矻，誓告神明，以单扬民志，而又询之耆艾，访之遗文，以告无罪于国人焉。"

九月十六日，日人《台湾日日新报》主笔尾崎秀真为《台湾通史》撰序，有文：

连子读万卷书，行万里路，镕铸经史，贯穿古今。其史眼即禅家最上乘正法眼也。愤台湾史乘未备，世方熙熙攘攘，竞竞逐逐于利，此独超然物外，闭户著书，前无古人，后无来者，非肩自锐任者曷克臻此！台湾史料当以抚垦拓殖最为伟观，而前贤之筚路蓝缕，往往见遗小儒，湮没不彰；连子独搜罗剔刮，廓而明之；或撫采父老口碑，或征于北京史馆，纲举目张，探讨极富，故能蔚然成为台湾通史。虽曰人事，岂非天之诞降其奇，使完兹编纂使命哉。连子非官也，一介之史家也！

青山青史

另外一位《台南新报》的日籍主笔西崎顺太郎也为此书撰序说：

余客台湾，阅今四载，常搜本岛攸关史书，以裨补寡闻；而其书悉为郑氏以后之政治史，书名虽异，其所记载大略相同。总督府置史官，正史之外，多集资料研究考察，虽得便宜，而未见有通史以一贯之，是欲究其全史，能无隔靴搔痒之感乎！畏友连君雅堂，台南文坛之翘楚也，文章雄健，学问该博，读破万卷之书，议论天下大势，其所以启发岛民者，固为不尠；而史学尤极蕴奥，足备一家之见。顷著台湾通史，将以上梓。余见其全书凡三十有六卷，起开辟纪、次建国、经营、职官、户役、田赋以及商务、工艺、风俗，事关史实，悉纂录之；殊如虞衡一篇，网罗本岛所关博物之资料，史实以外，更俾大益。识见之该博，考察之周详，诚堪敬服！此书刊行，不特足资本岛之文明，更足以贡献帝国学界者为不少。著者之劳，有足多焉，故为之序。

从这两篇序文，足可想象日本有识之士对《台湾通史》其书之重视，以及对连雅堂其人钦佩的情形了。

十年来四处奔走，搜罗资料，旦夕握管，呕心沥血，于今终于完稿；平生二大志，一愿民国建立，二愿著史成功，现在两者均告完成，内心自是无限欣喜，同时也顿觉肩头的重担尽除，更是轻松无比。这是台湾史学界的一大盛事，也是连雅堂个人的不朽盛事，而他的家族也与有荣焉，所以也是他们全家人最值得纪念的时刻。民国三十三年，吴兴陈其采曾为《台湾诗乘》题词，有七绝四首，其中第二首如下：

十 名山绝业

难得知书有细君，十年相伴助文情。从来修史无兹福，半臂虚夸宋子京。

可谓慧眼独识，观察最细，能见到他人所未见。一切荣耀属于连雅堂，但是谁注意到在一位伟大的史学家旁边站着的竟是一位娇小端庄而坚毅无比的妇人呢？二十年来，她与雅堂共甘苦；或风尘仆仆于台中、台南两地；或独留家乡，上伺老母、下育儿女，始终没有一句怨言。如果没有这位贤妻静默的赞助与不断的慰勉，也许连雅堂著述的工作就不会进行得如此顺利和迅速。成功的男人身边常常有一位伟大的女性，沈筱云便是连雅堂身边的这样一位女性。

《台湾通史》完稿了。对于外界，这是一个文坛史界的壮举，然而对连雅堂和他的家人而言，这毋宁是一个全家人同心协力共同奋斗的结果。

民国八年（一九一九），连雅堂四十二岁，筱云四十六岁，夫妇俩都已步入中年；他们的独子震东也已经十五岁，毕业于台南第二公学校。对于这个独生的儿子，雅堂和筱云都没有溺爱，而十五岁的少年连震东也颇知自尊自爱，是一个温顺有礼而勤勉好学的男孩子。随着年龄的增长，他的外貌愈形酷似父亲。身材高瘦，眉目清秀，尤其那挺直的鼻梁和薄薄的嘴唇，更是像极了年轻时候的雅堂，戴着一副近视眼镜，则是父亲的遗传，也是用功过度的结果。对于求知欲旺盛的这个男孩子，雅堂决心把他送到日本去深造。经过仔细的研究比较以后，选择了东京的庆应大学。这是一所私立大学，与早稻田大学齐名，为日本数一数二的著名学校。

恰巧这一年，林熊征聘请连雅堂到台北来为计划中的华南银行共同筹划。林熊征是华南银行的发起人，经营庞大的事业，这个银行当时与南洋华侨有密切的联系，当时正需要一个能充分了解华侨社会情形而又精于文笔的人才，来处理华侨股东一切往返的事情，连雅堂自然是一位上乘的人选；而在雅堂方面来说，则由于十年著史的工作已完毕，暂时得松一口气，并可变换一下生活环境，所以便欣然答应下来。

春天，举家迁移于台北大稻埕（即今延平北路一带）。不久，连震东在双亲的殷殷叮咛之下，从基隆买舟，只身负笈东瀛。为了儿子的远大前途，雅堂夫妇让十五岁的少年独自去一个陌生的地方求学。筱云的心里尤其难过，但是她明白人生有许多别离是难免除的，为了来日更好的重逢团聚，她忍泪送别了爱子。就像七年前送走心爱的丈夫一样，她不愿意让震东因看到自己的眼泪而增加别离的沉痛，没有到码头去送行。她坚定相信，这一走，再见面时，孩子必将更形坚强，愈为成熟；为此，她愿意忍受暂别爱子的苦闷。

他们用三千元向许丙购得一个面向大屯山的房子，天晴时，从二楼的书房可以清清楚楚地看到青葱的山峦。于是，雅堂把这个书房取名"大遁山房"。以雅堂的学识及名望，地方人士，甚至于日本政府方面，几度有人出面，想礼聘他出来做官，然而他全然无意于官，以砚为田，以文为获，他自比于古之隐者，也曾半开玩笑地对家人和亲朋说过："可别让我儿子做少爷，要将来让他尊我为老爷才是！"

这一段时间，连雅堂的生活最为愉快，因为著史的大业已完成，他觉得海阔天空，无比逍遥。

筱云从来没有住过台北，于是他常常自任向导，陪伴妻子畅游台北近郊的许多名胜。在所游历的各地之中，筱云特别喜欢圆山的山水欽奇。这位富贾家庭出身的妇人，婚后虽然过的一直是多变的生活，但并没有减去她的天真，她指着当地，对雅堂兴致勃勃地说："这个地方很好，我很喜欢。将来我们在这里盖一栋别墅好不好？"雅堂的兴致也被她引起来。他们两个人的想象驰骋于蔚蓝的天空之下，有说不尽的美梦，有无比的温暖充塞在心头。"那么，将来房子盖好了，该取个什么样的名字呢？"筱云偏着头想了一下："就叫做'棠云阁'好了——雅棠的'棠'，筱云的'云'呀。"她的肌肤细白丰润，头发依然乌黑光亮，双目仍旧深邃而传神。四十六岁的妇人了，成熟而饶有韵致，却丝毫没有一点衰老的样子。是怎么样的一个女人啊！雅堂觉得眼前这个妇人，就像二十余年前新婚的时候那么娴雅美丽。为着纪念这一天，为着纪念这一刻的情趣，当晚他一口气写下十二首七绝《圆山杂诗》，其中第一、第九、和第十首如下：

作史评诗且得闲，春光催我上圆山。
几人领略游山意，看到精微窈窕间。

卿能读画我能歌，绝代佳人爱薜萝。
持较孤山梅鹤侣，人间清福汝侬多。

此间福地亦娜嬛，着得无愁便是仙。
他日棠云添一阁，圆山山上梦同圆。（内人拟于此处筑一别墅棠云阁，为余与内人同栖之室）

游罢圆山、剑潭、淡水、碧潭等山水佳景，又与筱云相偕去观赏当时台北最著名的京戏中心"永乐座"。年少时,曾与一群文坛好友流连此处,得结识名伶王梦痴,而今此身已入中年,与共患难的妻子重临旧地,真个令人感叹人生若梦。吉林一别后,王香禅与雅堂也时而还有诗笺往来,但是天南地北人渐老,一切的往事都化为了诚挚的友谊。这一点,身边的筱云也是知悉的,她也始终不以为忤,没有表示过什么意见。

其实,多半的时候,雅堂和筱云什么地方都不去,只守在那一栋看得见大屯山的房子里,丈夫读书写作,妻子缝纫刺绣;有时相对默默抽水烟,有时品茗话家常。生活看似平淡,却和平温暖,这种中年人的心境,最可见于下面两首诗:

物外虫虫别有天,著书还恨少华年。人间蝶梦谁长短?世上蜗争剧变迁。

抗士劫灰秦已冷,迎宾腊酒汉犹延。他时尸祝吾何敢,畏垒穷居即是仙。(《著书》)

人生哀乐寻常事,其奈光阴昔昔过。忙里著书聊习静,有时对酒亦狂歌。

庭花烂熳秋容好,山影低徊画意多。便与荆妻相瀹茗,起看新月漾帘波。(《居家》)

其实,说好酒,倒不如说雅堂是喜好酒酣之后,真情流露,好友相聚畅谈古今的情调。至于对茶道,他是深得个中三昧的,不仅懂得品茗,更博通古今各地茶叶品种的优劣。他说:"新茶清而无骨,旧

十 名山绝业

茶浓而少芬，必新旧合拌，色味得宜，嗅之而香，啜之而甘，虽历数时，芳留齿颊，方为上品。"又说："茶之芳者，出于自然，熏之以花，便失本色。北京为士宦荟萃地，饮馔之精，为世所重，而不知品茶。茶之佳者，且点以玫瑰、茉莉，非知味也。"至于饮茶用的茶壶，他也批评道："壶之佳者，供春第一。周静澜壹阳百咏云：'塞榕垂荫日初晴，自泻供春蟹眼生。疑是闭门风雨候，竹梢露重瓦沟鸣。'——台湾人品茗皆自煮，必先以手嗅其香。最重供春小壶。供春者，吴颐山婢名，善制宜兴茶壶者也。或作龚春，误。一具用之数十年，则值金一笏。"杯子又以何者为胜呢？"杯忌染彩，又厌油腻。染彩则茶色不鲜，油腻则茶味尽失，故必用白瓷。瀹时先以热汤洗之，一瀹一洗，绝无纤秽，方得其趣。"连沏茶的水也要考究："煮茗之水，山泉最佳，台湾到处俱有。闻淡水之泉，世界第三。一在德国，一在瑞士，而一在此。"所以他真正喜好的还是茶，不是酒，那种"寒夜客来茶当酒"的身心境界，才是雅堂最渴望的。

中国的文人多半好吃又懂得吃，雅堂也不例外。他的朋友极多，又喜欢交游，因此和三五好友在饭馆里一面品尝佳肴，一面纵谈古今，最是赏心乐事。

"江山楼"是当时台北有名的酒楼之一，它的闽南菜烧得最为地道入味。连雅堂也最中意这家馆子，恰巧那里的主人颇为附庸风雅，对于连雅堂早已心仪私淑，所以每回雅堂和朋友们到来，主人都会亲自下厨，以迎嘉宾。非但如此，逢年过节，甚至于平常时候也会派人送一盅美味的"佛跳墙"或家常的芋头糕什么的，表示敬意。夏季则时而奉送那时新流行起来的消暑甜点"冰淇淋"，一次送来，总是一大桶。这时候他们家里人口简单，只有雅堂夫妇与就读静修女子高等学校的长女夏甸,及尚在附近小学读书的三女秋汉,其余则仅二婢一仆而已。炎热的夏天,主仆大伙儿在楼下阴凉的大厅里,用饭碗分享着那桶易融化的冰凉凉的点心,倒也不失为一大乐趣。雅堂竟也曾应江山楼的主人所请,题过一首《江山楼题壁》诗:

如此江山亦足雄,眼前鲲鹿拥南东。百年王气消磨尽,一代人才侘傺空。

醉把酒杯看浩劫,独携诗卷对秋风。登楼尽有无穷感,万木萧萧落照中。

移居台北后,雅堂闭门习静时较多,偶然也与台北诗会组织"瀛社"的人士来往;不过,两三年内,他最大的心思精神,毋宁是专注于力作《台湾通史》的刊印方面,编排、校对,又是一番不眠不休的工作。筱云也同样以一种兴奋的心情期待这一部书的发行。在她心目中,虽然那是丈夫独立著述的作品,可是,回首十年间他们夫妻二人所共同分享分担的欢愁甘苦,直如最宝贝的子嗣诞生一般!她为通史写了一篇后序:

雅堂夫子既作台湾通史,将付剞劂;璈读而喜之。已而叹曰:"嗟夫!夫子之心苦矣!夫子之志亦大矣!"始璈来归之时,夫子方弱冠,闭户读书,不与外事。既而出任报务,伸纸吮毫,纵横议论。又以其余力网罗旧籍,旁证新书,欲撰台湾通史,以诏之世;顾时犹未遑也。越数年,去之厦门,游南峤,鼓吹摈满,濒于危者数矣。事挫而归。归而再任报务,复欲以其余力撰通史。每有所得,辄投之筐；而时又未遑也。

中华民国既建之年，夫子戄然起，慨然行，以家事相属，长揖而去，遂历禹域，入燕京，出万里长城，徘徊塞上，倦游而归。归而复任报务。茶余饭后，每顾而语曰："吾平生有两大事，其一已成，而通史未就；吾其何以对我台湾？"于是发筐出书，积稿盈尺，遂整齐之，每至夜阑始息。如是三年而书成，又二年而后付梓。

嗟乎！夫子之心苦矣！夫子之志亦大矣！台自开辟以来，三百余载，无人能为此书；而今日三百余万人，又无人肯为此书。而夫子乃毅然为之。抱其艰贞，不辞劳瘁，一若冥冥在上有神鉴临之者。而今亦可以自慰矣。然而夫子之念未已也，经纶道术，焕发文章，璇当日侍其旁，以读他时之新著。

　　　　大正庚申元夜，归连门沈璇少云氏叙于稻江之棠云阁。

为什么署"棠云阁"呢？他们夫妇二人梦想的圆山别墅计划尚未实现，但大稻埕的古老房子，在雅堂来讲，是他可以安心读书著作的"大遁山房"；对于筱云而言，只要他们夫妇能共栖一个屋顶之下，则天底下任何一个房子都是她心目中最甜蜜的"棠云阁"了。

民国九年（一九二〇）十一月五日，《台湾通史》上册出版。同年十二月二十七日，中册出版。而翌年（一九二一）四月二十八日，下册也出版。至此，全书刊印成事，为洋装三册，每套定价拾贰圆。连雅堂心头上的一块重石也才终于卸下了。他为自己过去一段呕心沥血的时光作一个总回顾，写下七言绝句八首，题曰《台湾通史刊成，自题卷末》：

佣书碌碌损奇才，绝代词华谩自哀。三百年来无此作，拼将心血付三台。

一杯差喜酹延平，东海风云气尚横。记得宁南门下月，梅花红映读书灯。

马迁而后失宗风，游侠书成一卷中。落落先民来入梦，九原可作鬼犹雄。

韩潮苏海浩无前，多谢金闺国士怜。从此不挥闲翰墨，青山青史尚青年。

绝业名山幸已成，网罗文献责非轻。而今万卷藏书富，不让元侯拥百城。

一代头衔署逸民，千秋事业未沉沦。山川尚足供吟咏，大隐何妨在海滨。

诗书小劫火犹红，九塞谈兵气尚雄。枉说健儿好身手，不能射虎祗雕虫。

一气苍茫接混冥，眼前鲲鹿拥重瀛。渡江名士如相问，此是人间野史亭。

《台湾通史》发行了。对于这部巨著，日本朝野极为重视，购买者颇多。日本台湾总督田健治郎特题为"名山绝业"四个字。总督府总务长官下村宏也为之作序：

连雅堂氏，当代逸民也；久寓鲲溟，著述颇富；顷寄台湾通史稿本请序于余。余披而阅之：俶载于兰人占据，获麟于乙未变革；至其叙清朝经营事迹，则典据精深，记述详明；乃与江日升台湾外记首尾相接，可谓文献大宗矣。窃以唐巡抚独立倡乱之事，实非所以忠于清朝、仁于台疆，愆义丧理，蒙昧殊甚，与郑氏护持明朝残局者，全异其选。惟以我朝视之，则胜国游魂，宁为可悯耳，狂暴何咎？较诸台湾外记，恨史料既有轩轾，余颇为雅堂氏惜之。虽然，江氏外记体裁酷近稗官小说，读者往往颦眉；通史则不然，专仿龙门格式，纪、传、志、表，分类有法；矧又气象雄浑，笔力遒健，论断古今，吾几不能测其才之所至；盖近世巨观也。即题此言返之。

下村宏为日本人，他虽佩服雅堂的史才和文才，毕竟站在统治者方面，必得有所批评。

而祖国人士，则由于地理阻隔，反而显得有些漠然。只有章太炎于收到雅堂寄赠的书后，十分赞扬，认为这部书是民族精神之所附，将来必为传世之作；他后来并为此书作序。此外，张继在章太炎处见到此书后，也赞为"极有价值之书"，曾专函雅堂，索求一部；他后来在民国三十四年（一九四五）抗战胜利那一天，还特别为此书写了一篇意味深长的序，在末尾部分说："今胜利到临，台湾收复，指日可待。余向以雅堂存台湾于文化者，今竟重光台湾，虽雅堂不及目睹，而震东克绍先人遗志，服务祖国，且已实际参加收复台湾之工作，而其呕心之作，又得随乡邦重光而重刊之，永垂不朽。雅堂有知，亦可含笑于九泉矣。"写序的日期，特系"中华民国三十四年八月倭寇正式无条件投降日"。

《台湾通史》虽然是我中华民族精神之所寄托，却能够在当时日本统治之下的台湾顺利刊成，而没有遭受到日吏的干扰，是由于作者事先已经请总督题字，又请总务长官写序的关系，使得他们有所顾忌。至于雅堂何以要请日本人题字写序呢？这完全是委曲求全，在异族统治之下不得已的办法。实际上，日人对于雅堂的才学的崇敬是没有疑问的，但是对于他维护民族主义精神这一点，站在彼方立场，却也不无有所不满，这可以从前引下村宏序文评论"台湾民主国"的一段文字看出来。不过，日本官方对于《台湾通史》中的卷四《独立纪》这个篇名，仍然十分敏感和不满，所以强迫作者改易为《过渡纪》。为使该书顺利出版，雅堂最后想出了一个折衷的办法：大正九年（一九二〇）出版的《台湾通史》，于篇目卷四《独立纪》上，另外浮贴《过渡纪》三个铅印字。至于书前目录卷四则下有小字排印："起清光绪二十一年，终于是年九月，此篇原名独立，嗣以字义未妥，故易之"，但卷四每一页的书边仍印着"独立纪"。这样一来，表面上是服从了日方的意思，实际上，读者仍可一目了然作者原先采用的文字，有心的读者更可以由此体会到作者用意的深刻，而浮贴的设计只能成为"欲盖弥彰"，"心照不宣"。

《台湾通史》三册虽然全部顺利刊行了，可是，雅堂的抱负和心所悬念的，并未就此停止。诚如他的妻子在《后序》末段所说的："夫子之念未已也"，他所忧心的事仍不少，其中尤以国学之式微，更为他日夜所挂虑。

这一年的秋天，"瀛社"举办了一个全台大会。连雅堂也应邀参加，会中他建议把当时全台湾的诗社联合起来，并且发行一种刊物，以期互相勉励，借资鼓吹汉文，可惜由于经费不足，而未能付诸实践。

南社嬉春图。(一九一五年,中排右起第四人为雅堂先生)

十一　著述愈勤

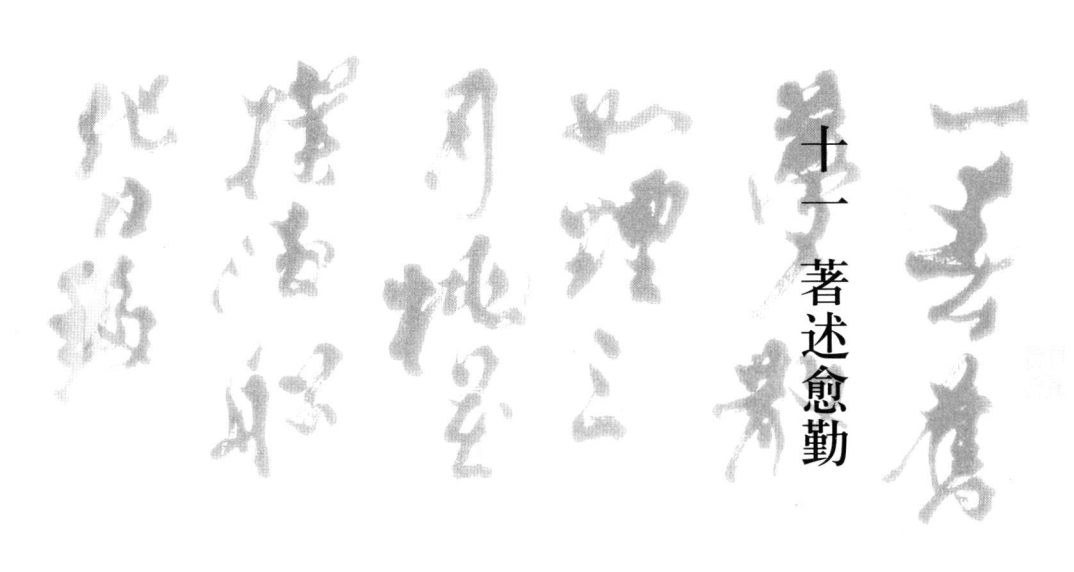

十年独立惨淡经营，完成了《台湾通史》，雅堂终于对台湾的历史有所交代；然而，于著史的同时，他对于台湾的文学史也十分注意，对于相关数据亦进行搜集分段编纂，所以通史刊印之后仅费三月，续有《台湾诗乘》的纂成。

《台湾通史》固为台湾之第一本史书，而《台湾诗乘》，也是史无前例的工作。文人反映现实环境及个人生活，所以文学作品，尤其诗，则是更细致的历史民生记述。这一点，连雅堂的自序说得很清楚：

《台湾通史》既刊之后，乃集古今之诗，剌其有系台湾者编而次之，名曰《诗乘》。子舆有言，王者之迹熄而诗亡，诗亡然后《春秋》作。是诗则史也，史则诗也。余撰此编，亦本斯意。

夫台湾固无史也，又无诗也。台湾海上荒土，我先民入而拓之，以长育子姓，艰难缔造之功多，而优游歌舞之事少；我台湾之无诗者，时也，亦势也。明社既屋，汉族流离，瞻顾神州，黯然无色，而我延平郡王以一成一旅，志切中兴，我先民之奔走疏附者渐忠励义，共麾天戈，同仇敌忾之心坚，而抡雅扬风之意薄；我台湾之无诗者，

十一 著述愈勤

时也，亦势也。清人奄有，文事渐兴，士趣科名，家传制艺，二三俊秀始以诗鸣，游宦寓公亦多吟咏，重以舆图易色，民气飘摇，侘傺不平，悲歌慷慨，发扬蹈厉，凌轹前人；台湾之诗今日之盛者，时也，亦势也。

然而余之所戚者则无史。无史之痛，余已言之。十稔以来，孜孜矻矻，以事《通史》；又以余暇而成《诗乘》。则余亦可稍慰矣。然而经营惨淡之中，尚有璀璨陆离之望。是诗是史，可兴可群。读此编者，其亦有感于变风、变雅之会也欤！

　　　　辛酉花朝　台南连横序于台北大逈山房

序中所谓"诗则史也，史则诗也。余编此编亦本斯意"。写此自序的时间是一九二一年（辛酉）春（花期，花开之期），与《台湾通史》下册刊行大约同时。可见二书之编纂乃是相互关联着。《通史》之体裁仿司马迁《史记》，其中志人物的列传是主要的部分，察阅其人之事，必会连带阅读其人之诗文，所以读二书，常有互补印证之助。例如《诗乘》近尾部记叙散家资组军以抗日军的新竹人姜绍祖对联。军败身殁，其妻大义凛然，不屈服于日人。雅堂编诗之笔一转而兼及史事："余撰《通史》载绍祖事，未及其妻，故补之。"而"乘"字，原就是"史书"，此即是"诗则史也，史则诗也"的说法。然而，史重直接的记述，诗则有时含蓄而出、委婉而道，所以表达方式有别。这就是连雅堂孜孜矻矻十年，以《通史》为第一志业，而以"余暇"编成《诗乘》的道理。

《台湾诗乘》六卷，选录明代郑成功复台前后至割台三百年间，诸家有关台湾之史事及山川风物的诗篇。作者包括官吏，乡绅，又及于前后诗社。然而，这一本诗集又有一个特色，不仅收载各时期各种人物的诗篇，间又记录着收纂者的态度、品评，乃至于和选集关系略远的一些故实：

余撰《诗乘》，搜罗颇苦，凡乡人之诗，无不悉心访求；即至一章一句，亦为收拾，固不以瑕瑜而弃也。志乘凋零，文献莫考，缅怀先辈，剩此遗芳，以昭来许，差胜于空山埋没也。（卷二）

余读香祖诸诗，皆不及《请急振歌》之佳，盖《请急振歌》为救民之语，字字自肺腑出，而诸诗则多属应酬，故仅选两首，以其有系台湾文苑也。（卷四）

台湾八景之诗，作者甚多，而少佳构。余读旧志，有台厦道高拱干之作，推为最古。（卷一）

（李）西华名友棠，号适园，江西临川人，乾隆二十一年以刑科给事中任巡台御史。唯是诗（《台湾赏番图》）所引，多属《台湾府志》所载，间有错误，如窃花、磔犬、拥盖均汉俗；然洋洋洒洒，成一巨制，亦可作番俗考读也。（卷二）

台人品茶与中土异，而与漳、泉、潮三府相同，所谓功夫茶者也。顾茗必武夷，壶必孟臣，杯必若深，三者弗备，不足自豪，且不足供客。余曾作茗谈一篇，载于《台湾漫录》；以余素嗜茶，又能判其风味也。近阅《阳羡名陶录》，载周静澜观察之诗，亦言台人品茶之精。其诗曰："寒榕垂荫日初晴，自泻供春蟹眼生。疑是闭门风雨候，竹梢露重瓦沟鸣。"自注："台湾郡人茗皆自煮，必先以手嗅其香，最重供春小壶。供春者，吴颐山婢名，善制宜兴茶壶者也；或作龚春，误。一具用之数十年，则值金一笏。"按观察名澍，道光初以翰林任台湾道，著《台阳百咏》，余遍求之弗得。他日苟获其诗，当刊诸《丛书》，以补文献之缺。（卷四）

民国十一年（一九二二）三月，《台湾通史》已梓行，《台湾诗乘》亦已纂竟，多年来的著述编撰工作，一旦而有此两大成就，连雅堂觉得相当欣慰，也有些倦懒，想要旅行游历以调剂身心。"读万卷书，行万里路"，一向是他心目中所向往的。回想从民国三年（一九一四）返台以来，他已经有八年未尝远游了；何况，儿子震东赴日留学，转眼也已经三年，筱云颇有思念之情，便偕妻子东游日本。

他们的船沿着大陆的东南海岸北上，先停泊在江苏吴淞。于是便利用短暂有限的时间到龙华，去看闻名遐迩的桃花。深深浅浅如锦似霞的桃花开了满城，把三月的江南烘托得明媚无比。游客如梭。筱云和雅堂同样都是爱花者，她按捺不住兴奋与好奇，在丈夫小心地搀扶之下，走遍了桃花树下。

船只补足了油和供应物之后，便横渡东海，直驶日本九州而抵达长崎。长崎为日本对外贸易的主要港口，此地的街容和建筑物颇有些欧化的倾向，而四月的长崎，气候不冷不热暖洋洋，正是他们的国花——樱花绽开的季节。多么巧妙的安排呀，在江南欣赏过艳丽的桃花之后，紧接着又来东瀛看樱花。日本人雅爱樱花，是取其花开花落为时短暂,犹如生命正在极盛的巅峰时便突然凋零,美丽之中又带几许感伤哀愁;因此赏花要及时。他们游正觉山,饱览满开的樱花。归途上路经一处古色古香的文具店,便买了一些纸笔和信笺类的东西,忽见有日人书写和歌用的精美图案小笺,便买了绘有平安朝仕女图者,以及垂柳海波图二种。回到旅邸后,他一时诗兴起,便在那有仕女的小笺上写下了两首小诗:

此是东瀛第一天,求书曾泊遣唐船。
只今故国风云乱,文物凋零愧后贤。(《再至长崎》)

樱花如雪月如潮,难遣春光是此宵。
卿意侬情同眷眷,禅心诗味两迢迢。(《游正觉山,时适夏历三月望夜》)

于是,访平户岛吊郑延平;过马关,经濑户内海而再泊于本州岛神户。对于雅堂来说,神户已是三访的旧游之地,然而距离上一次来访,竟已整整十年了,这不得不使他有"检点征衫已十年"之叹。这里,他有不少认识的人,但是由于筱云跟他都急于会见在东京寄读的儿子震东,所以未便过分惊动朋友们,匆匆一游即再乘船到横滨。

在横滨,他们遭受关吏严格的书籍检查,颇耽误时间,幸而这次纯属探亲游历,所以携带的书籍并不太多,不过,以一介书生,雅堂对日本官方这种措施当然很看不顺眼,所以他写了一首诗讽喻:

十一 著述愈勤

东西潮水此归虚,津吏猎猎禁挟书。

笑问秦时旧童卬,祖龙政策更何如!(《横滨关吏搜检书籍甚严,西客尤甚》)

横滨距离东京,不过火车一二小时的路程,所以出得海关,震东已在外面引领盼望双亲了。三年不见,这青年又长高一些,体格也更形健壮。如今,他已是庆应大学普通部的学生。那一身黑色的制服。胸前有一排金扣子,帽檐压在载着金丝边眼镜的浓眉上,使他在英挺之中更显一股儒雅的书卷气。"阿爸!阿母!"他顾不得旁边人惊异的眼光,大声用家乡语言亲昵地呼唤着父母。母亲的双颊禁不住的眼泪淌下来,父亲的笑容似乎有些苍老的样子。于是被两个高高的男人小心翼翼地伺候着,筱云踏上了赴东京的火车。四月的东京,即使夜晚也不再寒冷,可是,在他们三人心里头流的暖流,岂是外面的和风所能比拟,那是一种血浓于水的原始的亲情。

火车抵达东京车站,他们便直奔预先订好的旅馆。震东珍惜这短暂的骨肉重聚的日子,所以也不回住宿的地方,三个人就这样子挤在一个房间里。他们有谈不完的别后话题,可是父母怕孩子累倒,儿子又担心双亲疲劳,于是互相催促,抑制着兴奋的心情,勉强早早就寝。

次日,他们先去参观应庆大学,探望震东住宿的日本人家庭,接着便由在东京住了三年的震东充任向导,四处赏览。

樱花虽易谢,可是东京的气候比长崎稍凉,所以上野公园的樱花又正逢盛开。这真是奇妙的机会,能在短短的期间里三赏花季。《上野看樱花》的诗,便是在三人从容欣赏下成吟的:

青山青史

九十韶光信可人，缤纷香雨浥轻尘。我来正值花齐放，万树烘成上野春。

　　可是，当他们游罢东京都内各地名胜，如平和塔、西乡南洲铜像，又去护国寺探友人谢石秋墓、赴爱住町访馆森鸿；筱云想再赏上野的樱花时，敏感的花朵已纷纷飘落，清香满园而色泽阑珊了。不过，樱季虽过，犹有别种花儿堪觊赏，所以他们到锦丝窟看牡丹，游日比谷看杜鹃花。这一系列的赏花之游，实在美不胜收，丰饶极了。

　　东京近郊的镰仓、箱根、日光等地，当然也不能漏过。整日东征西奔，那时筱云已有四十八岁，早年又曾裹了小脚，但她始终兴致勃勃，毫无倦容。那娇小的身材，色泽明亮的旗袍，以及一双小脚，使得她变成了所到之处受人瞩目的对象，但是左右有两个亲爱的男人护着，她把头抬得高高的没有一丝儿畏惧，只顾欣赏花色陶醉佳景，沉醉在亲子之乐中。

　　这次的旅行，原本是纯粹为了旅行而旅行，兼及探望儿子而已；没想到，四月底在东京的台湾青年召开春季例行会，同时附带欢迎当时正东游的林献堂等人，他们知悉连雅堂也在东京，便固请参加，并邀发表演讲，因此他临时做了一次讲演，题目为"台湾之历史"。这是雅堂最熟悉的话题，故内容十分生动精彩，广受在场聆听的人士赞颂。

　　一个多月的日本游历，在五月十五日结束。震东随送至神户。这期间，连雅堂夫妇与他们的独生子尽兴赏玩异邦风光，同时也浸溺于亲密的骨肉之情中，怀着满足的回忆。

火车向西行，经过山阳道；不多久，便看到日本第一名山——富士山浮现在半空中。五月的空气中，已透着些许初夏的信息，然而那秀美的山顶，依然是白雪皑皑。

从神户，再度改乘回程的邮船。震东独自回东京。他们两老，一路上风平浪静，指向美丽之岛的台湾。诗人心里作何感想呢？

岂真入海为求诗，贝阙龙宫一望奇。鹏背搏风三万里，南溟到处是天池。（《归舟》）

东游归来，连雅堂觉得精神爽朗了不少。此行虽然不满两个月，但是陪伴妻子与三年不见的儿子团聚，三人相偕游山玩水，把工作与俗务暂时抛开，的确，于身心两益。这次的旅游，也一偿对筱云十年相伴支持的情意了。

返抵家门后，雅堂照例又恢复了忙碌的生活：一方面依旧不废诗文创作，另一方面由于交游遍及台湾南北，所以各地诗社有大小集会，总是不会放过他；此外，从次年秋天开始，台湾文化协会台北支部所主办的"文化讲座"第一回短期讲习会设置"台湾通史讲习会"，这个主题人选，当然非连雅堂莫属。于是，他义不容辞地接聘为讲师。

讲习会的地点在港町二丁目（即今西宁北路），上课的时间是在夜间。每当华灯初上时分，连雅堂便穿着一袭朴素的爱国布——当时一般人日常穿用的棉布衣服，乘人力车前往讲习地点。在他住所附近排班的人力车夫，人人都认识这位清癯的绅士便是《台湾通史》的作者连雅堂先生，所以一见他夹着讲义稿纸从家里出来，便纷纷趋前问候，"连先生，您好！又要去上课了吗？""连先生，让我送您去吧。"他们很高兴载他去上课。有时候，甚至于送他到讲习所还不肯收钱，说："连先生，您为咱们台湾人做这样有意义的演讲，我们粗人没办法表示敬意，送您一程也是应该的呀！"虽然那车资是极有限的小钱数，然而，这里所包含的人情温暖是无限的。可是，尽管领略这温情，雅堂又何忍让这些靠劳力生活的朋友们白白送自己一程呢？

"你们是靠拉车养家活口的，你们送我去，我给你们车资，这是天经地义的事情；你们若不拿钱，教我下回怎么好意思再上车啊！"有时候，车夫们把雅堂送到门口，他们也会心血来潮地说："今晚我不再做生意了，我也要进去听你演讲！"

这时候，连雅堂四十六岁。他虽然看起来瘦长，但是身子还挺硬朗，精力也相当充沛，又由于内容是自己最熟悉的台湾史实，所以讲起来精辟而生动，条理清楚，每逢有所心得之部分，声音特别宏亮，往往逾时而不自知；听者也极为踊跃，听得入神，时而激越兴奋，时而慷慨悲壮，情绪起伏，一随讲师语调口气。

这是一种对外公开的演讲，听众不受年龄身份地位的限制，由于雅堂的名气响亮，号召力大，所以慕名前来听讲的人很多，如后来成为台湾大学历史系教授兼国史馆委员的杨云萍，也是热心听众之一。当时的杨云萍还只是一个中学生而已。由于这个演讲太吸引人，所讲的内容又是与台湾同胞有切身关系的诸史实及问题，日本官方不得不提高警觉，唯恐连雅堂会借机鼓舞民族精神、甚至煽动群情排日，因而每次必派深谙闽南语的日本人在场监听。

雅堂的演讲，大抵依他的《台湾通史》顺序，起初一段时间讲述

十一　著述愈勤

郑成功反抗清朝，以及清朝如何经营台湾，尚可相安无事；可是，次及于中、日因朝鲜问题而引起交涉的一段事实，便受到在场监听者的警告，他们当众喊叫："注意！注意！"意思是说要连雅堂适可而止，不可过分暴露史实，以免引起听众对日本的反感；等到后来更及于《马关条约》割让的一段史实，日吏再也不能忍受了，便喝道："中止！中止！"不准连雅堂再将那一段令台胞没齿难忘的深仇大恨叙述下去。这个"台湾通史讲习会"遂在高压政策之下，不得不提前结束。虽然，话犹未尽，然而有心的听者心里自是明白，而雅堂的用心也不无效果。

从九月十一日开始，到同月二十四日，虽然为期不长，在异族统治之下，雅堂不畏惧的态度，已赢得更多人的崇敬，日本人对他这个言论虽不满意，却因他当时既有的社会名望，也不敢对之如何，以免刺激民情，反而更引起台湾人对日本政府的反感。这样说来，这次的演讲在表面上看似夭折失败，而实质上则以一介书生对抗官厅，胜利应是属于连雅堂才对。

自从"台湾通史讲习会"以后，连雅堂在社会一般人士及学术界的名望愈隆，各方纷纷要求他多做学术性的公开演讲，所以年底，"文化协会"又在每周周末的定期通俗学术讲座里，为他安排了一次"诗学渊源"的演讲。在两个小时的演讲中，连雅堂例举上古到清末的重要诗作，将我国古典诗的演变发展，做了一个简单扼要的分析解说。

后来，他又在这一系列的第七回周末通俗学术讲座中发表了"六波罗密"的演讲。这是一个属于佛学范围的演讲。连雅堂早年就对佛学有研究，中年以后，更时常与僧侣来往，互相交换禅学与文学的心得。他曾经说过:"诗之与禅,一而二,二而一者也。诗人之领略得乎自然,禅家之解脱明乎无我;夫自然也,无我也,皆上乘也。故诗人多耽禅味,而禅家每蓄诗情。"他又说:"不可思议四字,为佛法第一之真谛,而作诗者亦当于此求之,而后能极其妙。若人人能言,人人能知,则佛法平等,又何有菩萨声闻之分耶?"在台南、台中,他都喜爱游佛寺,结交僧人。移居台北后,近郊的名刹古寺也都有他的游踪,他喜欢佛寺清静绝俗的环境,所以当都市人世间的困扰使他厌烦时,便会暂时静避到深山庙里去。例如白云寺便是他所喜爱的寺庙之一,《宿白云寺,示同游李石鲸》诗:

天上白云不可捉,坠落人间熏五浊。翩然复上白云行,白云无心在空谷。谷中有人方大笑,云兮云兮来何速。朝从山麓飞,暮向山头宿。左手骖青鸾,右手招黄鹤。冷然万籁寂无声,为鼓云璈歌一曲。娟娟凉月照前除,一树棠梨自开落。回头忽见佛灯红,薄寒中人侵帘幕。鬓丝禅榻话春风,夜深卧听瓶笙作。烟霞旧侣喜同游,胸中突兀盘丘壑。翛然一枕抱云眠,万事不如春睡足。李生李生莫局促,人生到处须行乐。他年驾云复归来,不见人民见城郭。

雅堂与僧友的往来如何呢?这也可以从他的来往酬唱的诗中窥见一斑:

把臂何时共入林,大千世界正沉沉。
破魔愿具神通力,救苦先存菩萨心。
故国凄凉闻鹤唳,秋江寂寞起龙吟。

十一 著述愈勤

梅花我亦称知己,流水高山有赏音。(《次韵和志圆法师》)

化雨长沾紫竹林,谈禅不觉夜钟沉。
一帆明月催归意,百首梅花写素心。(《法师临别,留示画梅百咏》)

尘劫未销惟有法,海天无际且孤吟。
他年鼓棹瀛洲过,共倚潮头听梵音(余有参普陀之约)。(《送志圆法师归南海,即用前韵》)

观音山凌云寺的本圆禅师,为雅堂交游最密切的禅友。他与本圆禅师谈诗论禅,也曾为凌云寺的修建热心奔走募款,有一篇《募建观音山凌云寺启》,可以为证。不过,雅堂对于佛的态度,与其说是宗教的,倒不如说是学理的兴趣,所以他尚禅喜佛,却思路宏大而并不迷信。

行万里路,对雅堂的读书著述有极大的帮助。这一次从日本回来以后,他不仅参与种种文人的集会,又时时发表演讲,同时更雄心万丈,想要编一本纯粹文学性的杂志,以提高台湾汉学,同时更借以振兴群德。因为日本人统治台湾,推行所谓"国语"——日语,企图逐渐消灭汉学,从而达到彻底奴役台胞之目的。雅堂对日人此一阴谋最为洞悉,所以他屡次撰文大声疾呼,提醒同胞们要珍视民族文化。可是,空洞的理论总不如实际的行动来得有力有效。他自己既不做官居要位,只是一介书生而已,书生能做什么呢?他思虑再三,觉得唯有办杂志才是一个最有效的方法,因为文字能普遍为人所看到,文字也能行之久远。前些时候,他便将这个意思于"瀛社"的全台大会里提出来,可惜由于经费不足而作罢。对于这件事情,雅堂始终耿耿于怀,念念不忘,所以自日返台之后,便多方奔走筹资,同时极力拉拢诸友,请大家有钱出钱有力出力,并且答应源源不断地提供稿件。

于是,于民国十三年(一九二四)二月,一份态度严谨,内容丰实的文艺杂志《台湾诗荟》第一号出版了。在第一页,主编连雅堂发表了一篇语重心长的"发刊序":

台湾诗学,于今为盛。文运之延,赖此一线。而眷顾前途,且欣且戚,何也?台湾固海上荒土,我先民入而拓之,手耒耜,腰刀枪,以与生番、猛兽相争逐,用能宏大其族。艰难缔造之功,亦良苦矣。我先民非不能以诗鸣,固不忍以诗鸣也。夫创开则尚武,守成则右文……

然而今日之台湾,非复旧时景象也。西力东渐,大地沟通,运会之趋,莫可阻遏。重以科学昌明,奇才辈出,争雄竞智,迭相抗衡。当此风雨晦明之际,闻鸡而舞,着鞭而先,彼大丈夫之志也。且彝伦攸斁,汉学式微,教育未咸,民听犹薄,彷徨歧路,昧其指归,差之毫厘,谬以千里。此又士大夫之耻也。夫以新旧递嬗之世,群策群力,犹虞未逮,莘莘学子,而仅以诗人自命,歌舞湖山,润色升平,此复不佞之所为戚也。……

不佞,骚坛之一卒也,追怀先德,念我友朋,爰有诗荟之刊。不佞犹不敢以诗自囿,然而琴书之暇,耕稼之余,手此一编,互相勉励,台湾文选之衰颓,藉是而起,此则不佞之帜也。孔子曰:"诗可以兴，可以观，可以群，可以怨。"尤愿与我同人共承斯语，日进无疆，发挥蹈厉，以扬台湾诗界之天声。

这一份杂志虽取名为《诗荟》，实际上诗文并收，而且除了刊登时人的诗词创作外，又兼录古人的文字，更收文学批评，同时又设诗畸、谜拾等。每一期的后面，有"骚坛纪事"一栏，则报导南、北文坛的活动情形，有助于沟通文友的情报信息。经常在这本杂志发表作品者，以台湾籍的文人居多，其中除雅堂本人外，如林献堂、林小眉、李石鲸、洪弃生、许自立等人，年纪或有少长之别，多为雅堂的朋友；也有女诗人如王香禅、李如月、洪浣翠等人也时时有诗作刊登。此外，章太炎、梁启超、张继，虽在大陆，也有文字披露于此。至于日本人之能汉文者，如小野西洲、山口透等人，有时也有作品发表。

这个月刊创办的目的，一是在振兴当时的文学，二是在保存旧时的遗书。在振兴文学方面，它不仅每期刊登已成名作家的诗人，又举办征诗比赛，以奖掖新秀。例如在第三号里面就有"汲古书屋征书"。入选的前三名，依次为ST生、王了庵、瑶英；看来第一名是一个年轻的新人，而第三名则或为女性诗人，由此可见其鼓励后进男女诗学创作的一斑。至于保存旧书方面，自创刊号以来，每期陆续刊登先贤的遗稿和遗书，如《沈斯庵诗集》、孙元衡的《赤崁集》、林豪的《东宁记事》等，都是相当珍贵的资料。

由于这是一本提倡文艺学术为宗旨的杂志，其目的非在营利，因此每期刊登的广告极少，就是有，也多属书籍刊物的广告，如雅堂自己的《台湾通史》（有减价广告）及《大陆诗草》、林小眉的《东宁草》、洪弃生的《宗鹤斋文謩》等，甚至于内地出版的各种书报杂志，如北京的《新国民》、《佛化新青年》及上海的《孤单》、山西的《晋民快览》等。至于日本人的著作，仅有少数史籍。在日本人统治之下的《台湾诗荟》，竟能做到如此坚定的立场，这一点正足以反映主编者的意志了。至于其他非文艺性的广告，间亦可见少数，但多只限于本省籍人士所开设的医院；药铺或辩护士（律师），而且从那上面所印的地址看来，总不出台北太平町，大稻埕、大峤町一带；换言之，也就是主编连雅堂居家附近的一些医生和律师。这样可以稍稍资助这本杂志，但登广告之目的并非营利。

雅堂在《诗荟》第三号里有刊登一则启事："鄙人发刊诗荟，原非营业之计，良以台湾今日之汉文废坠已极，非藉高尚之文字，鼓舞活泼之精神，民族前途何堪设想？"

就因为这份杂志一心只为了民族精神之前途设想，所以编者几乎投注了他整个的精力和时间。每期除了必刊登自己的诗文之外，另有填空补白性的文字，取名为"余墨"。字数多寡，视需要而定，长者五六百字，短者百来字，短长虽不一，却篇篇可读，纵横谈论古今中外；人生艺术、宗教哲理，时则穆穆清和，时则栩栩生动，充分表露作者的识见才性。下面例举几则，以窥一斑：

少陵诗曰："老去渐知（于之误）诗律细。"呜呼！诗律之谨严，非少陵其谁知之？而少陵犹老去渐知。吾辈初学作诗，便欲放纵，目无古人，是犹无律之兵，一遇大敌，其不辙乱旗靡耶？（第一号）

文章尚古，学术尚新，此余二十年来所主张也。故余读古书，辄以最新学理释之；而握笔为文，则不敢妄摭时语，以炫新奇，真守旧也。（第四号）

释迦曰亲怨平等，耶稣曰待敌如友，孔子曰己所不欲勿施于人。三圣人之言，吾虽不能至，吾当守之行之，而后可谓之人。（第六号）

吾友苏曼殊尝谓拜轮足以贯灵均、太白，而沙士比、弥尔顿、田尼孙诸子只可与少陵争高下，此其所以为国家诗人，非所语于灵界诗翁也脱。呜呼！英国有一沙士比，已足骄人，而中国有一灵均，又一太白，实足为诗界扬其气焰。而今之崇拜两洋文学者不知曾读灵均、太白之诗而研究之欤？（第十三号）

梁钝庵先生曾谓林南强：人生世上，何事多求？但得一间小茅屋，一个大脚婢，一瓮红老酒，足矣。林无闷闻之为下转语曰：一间小茅屋不破，一个大脚婢不丑，一瓮红老酒不竭。余更为之注曰：不破易，不丑易，不竭难。（第十九号）

对名花读异书，是名士风流。以汉书下浊酒，是才人气概。（第二十一号）

不过，从连雅堂平日的主张言论，以及零星发表的这些短文中，可以看出，他的文学观是属于比较守旧的；这与当时年轻一辈，尤其是留学自东、西洋大学返乡的文坛前进新秀，难免在文艺思想方面有所差距。《台湾民报》第二卷第二十四号便有张我军所撰的白话文《糟糕的台湾文学界》，激烈批评旧文学界。他又于二卷二十六号撰《为台湾的文学界一哭》一文，专门责备连雅堂，认为雅堂"对于新文学是门外汉，而他的言论是独断、是狂妄"。这些批评诟骂的文字，是因为连雅堂在《台湾诗荟》第十号刊载了一篇《台湾咏史跋》，系为林景仁的《台湾咏史》而写，其后段有文字说道：

……今之学子，口未读六艺之书，目未接百家之论，耳未聆离骚、乐府之音，而嚣嚣然曰："汉文可废！汉文可废！"甚而提倡新文学，鼓吹新体诗，纰糠故籍，自命时髦；吾不知其所谓"新"者何在？其所谓"新"者，特西人小说，戏剧之余，丐其一滴，沾沾自喜。是诚坎阱之蛙不足以语汪洋之海也。噫！

文字颇带讽刺意味因而引起新文学界的不满。

这本杂志在台北发行，如前所述，《诗荟》的会员却并不限于在台湾者，因而薄薄一本刊物，能沟通各地人心；而登载诗作酬唱，也可以借此维系远方的友谊。就以连雅堂与谢幼安、王香禅夫妇而言，他们虽依依惜别于吉林，并曾许下同游西湖之约，然而有意重晤，反而无缘再会，致一任时光蹉跎。可是在第十五号的《台湾诗荟》上，二人各有诗刊出。王香禅作《秋夜有怀雅堂先生》：

白云秋水雁来声，可记今宵月正明。黄浦滩头逢故友，松花江畔话离情。

十一　著述愈勤

清尊评句推林叟，霜叶题诗寄曼卿。十载此怀消未得，几回翘首望蓬瀛。

雅堂则答以《次韵香禅女士见怀之作》：

寥落中天雁一声，十年影事记分明。杏花春满江南梦，衰柳寒生塞北情。

黄绢诗词传女子，白衣谈笑傲公卿。人间尽有埋愁地，独抱孤芳隐大瀛。

天涯海角，纯美感伤的情谊却能以有形的文字并列排出，安慰了作者，也感动了读者。

古往今来，办纯粹学术艺文性的杂志者，鲜有赚钱的例子，而况连雅堂是一个充满理想怀抱的书生，他只顾维护这份刊物的水平和宗旨，却全然不懂得如何营利争取资源。虽是每期单薄的一本书，编印、制订，样样需要花钱。原先筹得的一些资本，每出一期便减少一些；而如果说这份杂志有什么收入的话，就只靠各方订阅的人所汇寄的有限款项而已。不过，读书人订阅杂志，又往往有意无意会忘记自己应付款的日期，为数虽小，积多后也不无影响；编者方面又不便太过逼迫，只能一再提示，委婉相催。雅堂只得经常在杂志的封底附一则小启："读者诸君惠鉴：鄙人发刊诗荟，原非营业之计……然印费浩大，独力难支，握笔踟蹰，不胜忧虑。诸君子为台湾计，为汉文计，如承定购之时，祈将报资先为惠下，俾得周转，以免滞停。岂惟鄙人之幸，台湾民族之文明亦有赖焉。"其惨淡经营，独力支撑之苦心，于兹可见。

为了提高读者写诗的兴趣，同时也基于爱国的情操，《诗荟》也时有征诗的活动。在第十一期里，有一则启事十分值得注意：《诗荟》为香港、上海二地的"中华圣教总会"代登征诗启事，共有四个题目："哀侨民"、"振华族"、"强祖国"、"远大同"。这项活动，虽非由《诗荟》主办，仅属"代收"性质而已，却也充分表现了主编者的立场。当时台湾已沦陷二十九年，但是，在连雅堂的心目中，祖国只有一个，那就是巍巍的中华民国。征诗的四个题目：哀侨民、振华族、强祖国、远大同，也正是雅堂的心声。

每个月按期出版《诗荟》，加以时时应邀为台湾文化协会的周末讲座演讲，自己的诗文创作又不能一刻偏废；多方面的工作，终于累倒了原本清癯的雅堂。第二十一期的《台湾诗荟》出版以后，他觉得心理负担过重，精神不济，而又身体疲乏，医师和友朋都劝他暂停编务，休养身心，筱云更是不忍见到丈夫日夕辛劳，所以婉转规劝；于是，雅堂决定暂时将《诗荟》停刊一段时间，休养一阵子。在第二十二期的封底里，有雅堂启事及《诗荟》启事各一。前者云："鄙人曩撰台湾通史之后，则欲稍事休养，而世务纷纭，未能息肩；重以台湾文学式微，心滋隐痛，爰刊诗荟，以为维持，补弊起衰，不无少效。顾自秋来，体颇不适，因拟小住西湖，暂抛尘事，淡泊养志，解其天癸。他日顽健胜恒，自当再亲笔砚，以就教于诸君子焉。连雅堂敬白。"后者云："诗荟发刊以来，将及两载，辱承读者诸公惠爱，推销日广；眷顾前途，颇多期望。兹因编辑连雅堂先生养静西湖，乏人承办，定自后期暂为中止；俟至明年三月自当照旧刊行，以酬雅意！此后如蒙赐书惠款，请暂寄台北市大桥町一丁目一一四番地陈锡坤收转。台湾诗荟谨启。"

从民国十三年（一九二四）二月创刊，到十四年（一九二五）十月停刊，共出版二十二期，《台湾诗荟》停刊了。两年来虽诸般困难，但诗荟的出版，却是台湾文学界的创举，其影响是极深远而有意义的，当然由于身体之欠佳，一时不能继续，心里总难免有一些感伤。回忆过去自己所走的路程，办报、办杂志，也多有类似的情形，譬如二十年前在厦门的《福建日日新闻》，及十年前在吉林的《边声》，不都是因外在的压力而夭折的吗？在一个动乱的时代，又处于异族的统治之下，徒抱有理想也不容易有作为的啊。不过《台湾诗荟》总算出版了近两年，其间虽亦有过异调攻击；大体来说，它始终能保持创刊时的精神，以及各方文士之联系团结，也多少有所贡献。如此反省，便也稍感安慰了。

《台湾诗乘》辑录了郑成功时期到乙未之间先人的诗篇，《台湾诗荟》则征录选择了乙未以后台湾各地的诗作，同时也报导当时文士们的活动。二书在时间上衔接着，为风雨飘摇之中的台湾，连雅堂以个人的力量保存家乡文学史上重要的一个领域。而就在主编《台湾诗荟》的这两年期间里，他同时也将先后陆续刊登其上的文字分门别类，发表了《台湾漫录》，以及《台南古迹志》；另外又校订泉南人夏琳所著《闽海纪要》。所以，从实际的表现看来，这两三年的时间里，连雅堂所做的事情，也并不止于《台湾通史》的撰著。同时，无论《通史》、《诗乘》、《诗荟》、《漫录》，乃至于《台南古迹志》的发表，其动机及基本精神是一贯的，那就是"爱国保种"。在异族控制之下的孤岛，一介书生只凭着狂热的爱故乡、爱祖国之心，坚定的意志，和大无畏的精神，以一管毛笔完成了这些著作，把它们献给他所爱的社会人群。他对文学的观念与见解容或有可商榷之处，然而，诚如《左传》里"殽之战"的故事，秦穆公所说的，批评一个人岂能"以一眚掩大德"？

雅堂先生伉俪及连震东先生（一九二二年摄于日本）

十二 青山青史
各千年

伊瀬班氏亦張木早郵到觀其造像已歷千載仍弘羅完美寔與此倫敦國寶此歸國之後如有機緣當一往遊并赴雲岡以覽世界最古最大之文化藝術方足以開眼界此次遇佛食麥吞羊甫美吞雞子曉吞冬粲堅冰有銀道吞浴之身軀健且肥吾如有閒以銅器仿以槤羅一二以為家中之用然組有銘志者為佳

有十省

多年前游大陆的时候，连雅堂对山明水秀的西湖便有了深刻而美好的印象。不过，当时《台湾通史》尚未完成，无法随心所欲选定自己所喜欢之地，作为永久居住处，所以他只能在寄给妻子的诗里说道："他日移家湖上住，青山青史各千年。"而今，《通史》和其他的著作已经次第完成并已付梓。劳心劳神多年，他需要再度旅游以松弛紧张惯了的神经，便有意再赴大陆。这时候连雅堂四十九岁，他的妻子五十三岁。长女夏甸已经出阁，震东在庆应大学经济部预备科的学业也已完成，正式入升本科就读，身边只有三女秋汉陪伴着，而她也已经十五岁读淡水女中。于是，他们夫妇，带着秋汉离台前往西湖。

　　对于雅堂而言，已有数度出游的经验，对于筱云来说，则是第二度离开台湾，但是对十五岁的秋汉来说，这是她生平第一次乘船赴远方。她长得胖胖的，不像大姐夏甸那样纤细秀美，小时候曾经为此向母亲抱怨过。不过，这少女天性善良开朗，又是家里的么女儿，所以十分得父母宠爱。她穿着一袭时髦的新洋装，随父母欢天喜地上了邮船。

　　一路上风平浪静，水色天光交映，船静静地驶着，回顾船尾，台湾已缩成一个看不见的点，而祖国的召唤愈来愈亲切。海鸥款款，海水洋洋，他们三人无限愉快地抵达目的地。

他们在西湖找到了一个玛瑙山庄作为居所。"棠云阁"没有在台北圆山落成，没想到却建筑在这个山明水秀超尘出凡的西子湖畔。

这个地方风景优美。又因为远离亲友，所以能享受真正的闲暇生活。

这一年夏天，在东京读庆应大学的震东特别来到杭州，利用暑假的期间探望双亲和妹妹。他们一家四人优游于六桥三竺之间。震东和秋汉对于祖国的地理和历史都很生疏，虽然从前他们也从父亲口中听闻一二，总不如足履其地亲眼看见的印象深刻而实在。母亲更老了，但还有兴致欣赏风景，他们轮流搀扶着她慢慢走，细细浏览。每到一处，雅堂便为大家仔细说明当地沿革。为什么阿爸懂得事情那么渊博呢？秋汉最是佩服父亲。

震东返归日本后，秋汉也去上学了。玛瑙山庄显得有些寂寞。日间只有夫妻俩和服侍他们多年的双凤。主仆们就在这如诗似画的湖光山色里日复一日地过着。

闲来无事，雅堂把《大陆诗草》以后陆续吟咏的诗篇重新整理出来，共得二百六十五首，编辑成为《宁南诗草》，并写了一篇短文为序：

甲寅冬，余归自北京，仍居宁南。宁南者，郑氏东都之一隅也。自吾始祖卜居于是，迨余已七世矣。乙未之后，余家被毁，而余亦飘泊四方，不复有故里钓游之乐。今更远隔重洋，遁迹明圣，山色湖光，徘徊几席；而落日荒涛，时萦梦寐，登高南望，不知涕泪之何从矣！

客中无事，爰取箧中诗稿编之，起甲寅冬，讫丙寅之夏，凡二百数十首，名曰《宁南诗草》，志故土也。

嗟乎！宁南虽小，固我延平郡王缔造之区也。王气消沉，英风未泯，鲲身、鹿耳间，其有睎发狂歌与余相和答者乎？则余之诗可以兴矣！

      丙寅仲秋，台南连横序于西湖之玛瑙山庄。

十一年前，他在故乡编完游历大陆各地的诗草，取名"大陆诗草"，以示对祖国的怀念；如今他身在祖国，结集在故乡所作的诸篇，则称"宁南诗草"，此宁非所谓"胡马依北风，越鸟巢南枝"？祖国之爱，家乡之情，尽在其中。

《大陆诗草》诸诗的写作是在旅行大陆的期间，所以背景为江南、塞外各地，人物则为新认识的朋友，或故知重逢；而《宁南诗草》是其后定居台湾著史余暇之作，那期间连雅堂南来北往，所踏之地皆是故土，往来之友均为乡人。

我居台北十二载，年华虽老气犹豪。
屠龙空负千金技，跃马还思五夜劳。
风雨潜修求绝业，乾坤倒挽看儿曹。
赤嵌潮水频来往，寥落人才未尽淘。（《别台北》）

文物台南是我乡，揭来何必问行藏。
奇愁缱绻荣江柳，古泪滂沱哭海桑。
卅载弟兄犹异宅（我家旧居兵马营，已历七世，自被毁后，兄弟

十二 青山青史各千年

诸侄遂分居各处），

一家儿女各他方（儿子方赴南京，长女久寓上海，少女尚在淡水留学）。

夜深细共荆妻语，青史青山尚未忘。（《台南》）

渭水，宜兰人，为医台北。平素服膺中山主义，与诸同志组织文化协会及民众党鼓吹改革，主张民权。数次下狱，坚毅不挠。殁时晚年四十有二。余在台南，猝闻噩耗，怆然以吊。

人海沉迷百鬼嗔，秋风凄绝稻江滨。

十年牢狱身甘入，一死轮回志未伸。

党锢艰危思范滂，宾筵寥落感陈遵。

中山主义谁能继？北望神州一怆神！（《哭蒋渭水》）

日高睡足起常迟，炉火瓶花位置宜。

涤向玉壶春晼晚，烹来铜钵水涟漪。

一瓯梦觉圆通境，半偈行深般若时。

但得慈云长庇护，铮铮傲骨衹耽诗。（《杨笑侬迭寄新诗，并惠铁观音佳茗，赋此以谢》）

民国十六年（一九二七）春，北伐军起，江南不安，雅堂"移家湖上住"的梦想也破碎，为了家人的安全，只得举家重返台北来。

回到台北后，暂时闲居在家。当时，雅堂在台北有一位年轻朋友黄潘万结婚不久，尚无职业，两人都有感于坊间书籍的匮乏，不足以满足好学之士的要求，所以想合开一个书店。恰于此时，震东乘暑假之便返台省亲，黄潘万向震东提到这件事情，震东认为这是一个很适合父亲的工作，便也极力怂恿。

于是，在太平町三丁目二二七番地（即今延平北路三段功学社对面）觅妥一间屋，开设了一个书店；店名就叫做"雅堂书局"。这个店铺，由连雅堂与黄潘万各出资二千元资本，营业收支但求能维持各项开支而已。由雅堂担任书局全盘统监之责，潘万负责理财兼文牍工作。另外，又聘请张维贤管理对外联络及协理局务。一切事情都计划得井井有条理。

在第十八号的《台湾诗荟》余墨一栏中，雅堂曾经这样写过：

台湾僻处海上，书坊极少，所售之书，不过四子书、千家诗及二三旧小说，即如屈子楚辞、龙门史记为读书家不可少之故籍，而走遍全台，无处可买，又何论七略所载，四部所收也哉？然则欲购书者，须向上海或他处求之，邮汇往来，论多费事，入关之时，又须检阅，每多纷失：且不知书之美恶，版之粗精，而为坊贾所欺者不少。

身为一个读书人，雅堂既然早就注意到时人购书遭遇到的种种困难，因此他自己开设这个书店，其目的与其说是营利的，毋宁说是在服务社会。

雅堂自己虽也谙日语文，但他一贯的思想是在维护保存祖国文物，因此"雅堂书局"所出售的尽是中国的图书文具，没有一本日本书，没有一件日制文具。书局所售图书的标准，线装的经史子集类书，由雅堂亲自选购自大陆各地；政治及经济类书籍，由震东负责；哲学及剧本类，则由维贤负责；其于有关思想及小说、方技、杂书之类，则由大家共同商量决定。分工合作，各人发挥贡献自己的能力。

他们采购书籍的主要来源是扫叶书房、千顷堂、商务印书馆，及中华、民智、文明、世界、泰东等国内著名的书局。当时台湾海关对于从大陆进口的图书，查禁极严，动辄予以扣留。他们首次采办的图书，除了线装书没有遭受到扣留外，其余被没收的，几乎高达总量的三成。这对于书局在经济上和精神上的打击不可谓不大。

那时正值北伐前后。新思潮澎湃，尤其《三民主义》一书，深受台胞热爱，但是日方查禁没收，非但是《三民主义》一书而已，凡与新思想、新文艺或新文化有关的书，如创造社、新月社、胡适、田汉、郁达夫之作品都在没收之列。不得已，大家商量的结果，想出了一个迂回的办法：将订购的书先寄到日本，再由日本寄来台湾；因为日本人对于由"内地"（日本）运到台湾的东西是查禁不严的。这一着偷运方式奏效，于是，《三民主义》、《中山全书》等书都可以偷偷输入，出售给台湾人士了。不过，由于辗转邮寄，许多书的售价虽高，实际上并无利润，甚至可以说完全是赔本的。

连雅堂对这个书店倒是十分喜爱关心。他每天上午十时便从大桥头（今延平北路三段底）到书店来，略事寒暄，便自己拿一本书，在店后的角落埋首研读。他的近视相当深，所以看书的时候几乎是眼镜贴着书。老顾客上门，多半也知道书店老板的脾气习惯，他们尽管自由翻看，多数人到这里来，只是站着看看，读完便走，雅堂也不以为忤。有一回，他的朋友黄纯青的儿子黄得时去买书，雅堂正看书看得入神，全然没有注意到有人进来；等到得时跟他打招呼，才吓一跳，猛然抬头，摘下眼镜说："哦！得时君。你来得正好，昨天商务印书馆刚寄来了英国韦尔斯的《世界史纲》，写得非常好，你看看吧！"讲完，便从书架子拿下那本书给得时，自己又戴上眼镜去看手里的书了。他对于青年人看书，一向很热心指导，常常告诉他们："读书之难，不在购书，不在借书，而在择书。"像遇到这种问题，就必须要有明师的指导才行；而他自己对后辈读书人，便是常以老师自居，因此，有时年轻人上这个书店来购书，向雅堂随便询问有关书籍或读书的问题，他便滔滔不绝地谈论自己的经验心得，甚至于讲解劝勉，等于给他们上了一课。

他开设这个书店，可以说真正是"得其所哉"了。因为他们所选购的，都是大家认为有价值的好书，所以新书一到，他便迫不及待地做第一个读者，他对书的爱好，范围极广大，无论旧籍新书都饱览，读到有疑问的地方，便立刻翻查字典、辞源，务求释疑解惑。对于读书的方法，他有独到的意见。这一点，在《台湾诗荟》"余墨"专栏里也提到过：

读书宜约，阅书宜博；读书宜精，阅书宜略；读书宜缓，阅书宜速；读书宜定刻，阅书宜随时；读书宜明其始末，阅书宜知其大概。

顾尤有一事焉。凡在阅读之时，自备简记，摘其精微，志其疑义，遇有会心之处，或全抄之，或节录之，以备他日之用，且可旁证他书而贯通之，而后可得读书之益。

《台湾诗荟》是由连雅堂一人主持编务的。杂志的内容除了刊登时人的诗钞、词钞、文钞之外，又有诗存、诗话、诗略、谜卷及文化活动消息，而且也陆续载录台湾先贤的遗稿和遗书，借以阐发祖先的潜光。虽然主编者努力工作，时常把自己的诗文也刊登出来，但每一期的杂志，分量总得维持一定的水平，所以需要设一专栏，以填补基本文字之不足，空间之留白。这一栏的撰文者"棠"，便是连雅堂自己。至于专栏则取名"余墨"。"余墨"的文字长短不定，端视杂志正文留白之大小；至其内容，有时富哲理学术性，有时则隽永有趣，字数虽不多，每每可诵，启人情智。

自经营"雅堂书局"，因为兴趣所系，而且地址近住处，雅堂照顾店务（其实倒不如说阅读书籍来得恰当些）到中午，便回家午餐，略事休息，下午二时许，再回到店里。晚间也来书店，近十时打烊，才回家。这样有规律的生活，风雨无阻，实在是因为他乐在其中，俨然拥有一个私人的图书馆一般。有时候，因为店务清淡，他上午不到店里，便一定在头一夜里选好书带回家去阅读，等到次日午后再携回归还。"雅堂书局"设于今日延平北路三段，向来都是本地人口密集的地段。这个书局在当时不仅成为店主人除了自己住家之外，最喜欢流连盘桓之处，也几乎成为他和老少顾客们讨论学问、发表意见的地方。其中，年轻辈者，除了黄得时之外，另有杨云萍，年纪较黄稍长，也是时常前去书局购书，而与店主人成为忘年之交的。杨云萍在那个时代，是所谓的"文艺少年"。他常到书局去翻阅旧诗文，实则为台湾新文学的支持者。当年的杨云萍和连雅堂在书局里相处交谈，二人的意见并不同；有一次竟然从白天抬杠到近天明。雅堂的年纪比云萍大许多，他是以传统文化维护者自居，虽然不反对新思想，但在文学方面，是比较偏旧的。对此，年轻的杨云萍不仅当面和雅堂争论，并且还曾撰文将他比为"单细胞动物"。然而，连雅堂不但不以为忤，对于这青年却十分的赏识。他对医师朋友张暮年谈到那一次的长谈，并且说道："台湾新文学运动中，只有杨云萍配得上骂我。因为他懂得新的，也懂得旧的。"居家时，他对儿子震东也说过类似的话。雅堂所赏识的两个青年，日后都成为台湾大学的知名教授；黄得时任教中文系，杨云萍则为历史系教授，尤长于台湾史研究。

连雅堂是一个十足的书生，他交往的对象老少兼及，热心论学问。黄得时为名士黄纯青之子。雅堂于四十二岁时移家台北之后，参加"瀛社"，与北部诗友来往较多。黄纯青便成为他诗文酬唱，学术切磋之友。纯青曾撰《孔墨并尊》之文，刊载于《台湾新报》，引起轩然大波，认为墨子主张兼爱，是无父无君，而文章竟以之与孔子并列尊荣。雅堂当时对墨子也有精深的研究。他有一封对黄纯青之说表赞同的信：

纯青先生执事：顷读惠书，欣慰无已。执事高卧丘樊，潜心文史，属在下风，能不景仰。前诵大著《兼爱非无父辩》，崇论弘议，惊倒时人。弟亦研究墨子者也，即草三篇，一曰墨子弃姓说，二曰墨为学派说，三曰孔墨异同说，欲就教之左右，又不能登之报上，以致藏文箧底，今先检两篇呈政。尚有一篇多至一万余字，缮后再寄。拙著如有错谬，尚希指示。……

信是写在"雅堂书局"的笺纸上。黄氏家在今台北县的树林火车站前。一次雅堂往访时，恰巧见到当时年少的得时正在练习毛笔字。雅堂站着看看，下次再访时，竟然带着许多线装书的字帖，送给这个好友的儿子，这些字帖是三希堂法帖。

"雅堂书局"除了出售新旧中文书籍外，也兼售一些文具器用等，例如上海胡文开的笔墨，杭州舒莲记的檀香折扇等，倒也深受当时日本人之中有汉学修养人士，以及摩登妇女的欢迎。这个书店初开张的时候，一时也曾轰动全台北，造成门庭若市的盛况；无奈当时日本政府已积极推行"国语教育"，而禁止台湾同胞普遍使用汉文，所以懂汉文的人愈来愈少。虽然尚有少数的私塾存在，但是都只能教些尺牍、唐诗，以及日常实用文字，而老一辈曾研究汉学的，又日渐凋零，所以汉文书籍的购买力就每况愈下，日渐低落了。原先开办时，每个月的营收约在一千三百元左右，其后便减低至七八百元，而书店每个月的开销至少需要三百元；这样便呈现很严重的收支不平衡情形。雅堂个人本来不是生意人，营利不是他的目的，因而决不肯接受朋友的建议——兼售日文书籍，以求变通。他们为了招徕顾客，举行了为期半月的"夏季大卖"。所有图书一律照实价减折优待读者，可是在日本人大力推行同化政策的当时，汉文书的购买者寥寥，此举仍是无济于事。

不久，由于店务不景气，年轻的张维贤觉得老守着一个没有生意的铺子也没有多大意思，便辞去职务，预备前去日本留学，研究戏剧。临行，连雅堂特以所藏的光、宣版《无政府主义》一书相赠，作为短期共事的纪念。"雅堂书局"在维贤离去后，又勉强支持了一段时间，后来震东虽然学成返乡，助理书局事务，终因店前寂寞，无一顾客，加上外在环境等种种因素压迫，不得不宣告停业。就在这种艰苦的情形下，从开张到结束，倒也维持了两年之久。

在开办"雅堂书局"的前后，连雅堂写作的笔也从来没有停止过。虽然他的年纪已在五十开外，但是提到国家民族之事，便会血脉贲张，不减当年。这时期有一份《昭和新报》发行。这个报纸虽然以汉文发行，其股东之重要人物悉为亲日派人士，如辜显荣、许丙、林熊征等，因此该报的言论与日本人如出一辙，常常引起连雅堂的不满，迭次撰文痛斥论战。例如于《台湾民报》第二三五号，他发表一文质问《昭和新报》：何谓统治根本？何谓思想善导？在文首并且直指该报为日人之"御用新闻"。文中论日人"统治台湾之根本意义"一段，却可能因为文字过激而被删去五六十字，其残存的数句尚有："……则同化政策也，内地延长也，此三十年来之彰彰在人耳目者，不知此等之外，尚有何统治之根本义乎？"至于论"思想善导"的部分则有："若以台湾今日之思想而观，则其所表现而要求者，平等也、自由也、幸福也，此等之外，尚有何种之思想？亦何庸为之善导乎？"他揭发日人统治之下，台胞生活之不平等、不自由、无幸福，充分显现不畏异族强权的勇气。

关于男女平等的观念，早在他年轻时代便已极力提倡，想不到在十数年后的这个时候，《昭和新报》尚刊出聘金制限论的迂腐论调。这件事不禁引起雅堂严重的抗议，他在《民报》二三六号又撰文攻击道："夫婚姻之制，由掠夺而购买；购买而恋爱；此进化之程也。聘金为购买之代名词，人非牛马，何用购买？故台湾今日而有聘金，是台湾之耻也！该报而果有思想善导之学识与精神，则当简直而论曰聘金废止，或进一步而大呼曰：'婚姻自由！'"

在这段时间里，雅堂经常在《台湾民报》发表有关思想的论文，计有《思想解放论》（二三八号）、《思想自由论》（二三九号）、《思想创造论》（二四〇号）、《思想统一论》（二四一号）等。《思想统一论》之题目，看来与前面几篇互呈矛盾，故第四三期该报有署名"小隐"者撰文质问雅堂，文章末段则揣测雅堂主张思想统一"必是因为我台诸思想团体日日互相排斥、互相毁谤，而其各团体中又时起内讧,如是而欲为同胞追求自由、谋幸福,是何异于缘木求鱼也。"故欲"联合诸思想团体作共同战线"并说:"果尔、则愿举双手以赞成先生之论,唯'思想统一'四字须改为'联合战线'或'步调一致'云云。"对于此质问,雅堂有答复的文章,刊载于第二四四号民报,其首段如下:"小隐足下:顷于民报获读大者,欣慰无量。思想之不能统一,弟固知之,且明言之;而今乃曰'统一'者,则为一时连用、进行之计,亦即足下所谓'联合战线'也。顾弟不曰'联合战线'者,盖以今日台湾之言论,非常压迫,稍形激烈便遭禁止,故不得不用巽与之言,以免报纸之涂抹,谅亦读者之所共谅也。"

对于社会百态,古今陋俗,雅堂也十分注意,所以风闻台南富豪陈家析产纷争事件,他又忍不住评论道:"是遗产之害也,是蓄妾之弊害也!使××而无遗产,何至兄弟相争?使而不蓄妾,何至父子相怨……故余敢断之曰:欲休社会之均衡,当废遗产;欲持家庭之幸福,当除蓄妾。"

在"雅堂书局"尚未结束之前,台北大稻埕如水社开办为期三周的夏季大学,聘雅堂为讲师,讲授"台湾历史"。由于这个夏天震东已自庆应大学经济部毕业,返台佐理家务,兼顾书局事务,雅堂无后顾之忧,便欣然答应了。而他自己也在"雅堂书局"开办了两次短期的汉学研究会,于晚间七时至九时授课。

不上课又无特别应酬的晚上,雅堂则在家为震东讲授国文。这时震东已二十五岁,且大学毕业了,但他从小学到大学所接受的都是日本教育,虽然他在少年时期,雅堂也亲授过《左传》、《史记》等古文;然而,留学日本的一段时间,使他对以前所学的又生疏了,所以正好利用此段闲暇时加紧补习。对于三个子女,夏甸、震东和秋汉,他的教育态度都是一致的，除了讲解之外，要求他们多背诵，他认为趁年纪轻记忆力强时多背一些古诗文，日后将受用不尽。震东虽是独子，但他从小就是一个温顺的男孩子，如今虽已成人，父亲的话总是不敢不听。秋汉这时也已十八岁，她在淡水读女子高等学校，平时住校，周末返家，也总是被父亲找来一起听他讲授诗文，她有些贪玩，不太专心，可是也不得不照样背书。雅堂喜欢斜倚榻上抽着水烟袋，一面听子女朗朗背诵诗文。他的眼睛半闭着，看上去似睡着了。一次，秋汉想早些背完好出去找朋友玩，便有时故意含糊跳过一段；可是，父亲却会闭着眼睛提醒她漏背的文字，用那银制的长长的烟杆儿轻轻敲她的头说："不要偷懒！"

民国十九年（一九三〇）三月二日，《台湾日日新报》刊载《台湾鸦片烟特许问题》一文，署名为"台湾通史著者连雅堂氏对于此回问题致本社意见书"——所谓"此回问题"是指日本当局鸦片特许政策引起台胞反对之问题——内容大概是说鸦片有弊亦有利，无需严禁，可以采用日本政府渐禁方针。此文一出，全台舆论哗然，雅堂顿成众之矢的，实则这里面是有些复杂的故事的。

当日本人预备禁烟时，雅堂曾私底下同朋友开玩笑，在漫谈中说："其实鸦片也有好处，可以治瘴疫（即疟疾），清朝的义勇军长年处于深山密林之中，瘴气弥漫，他们若非抽鸦片烟，怕是早都受了瘴气之毒而死光了。"想不到这些话语，后来却辗转传出，就有人冒用他的名，将这些话语再加以渲染，并署上他的名字，在报端刊登出来。

可是，何以有人要这样做呢？是什么人这样做的呢？

虽然无法具体指出冒名写作此文的人名，但其中是颇有一些蛛丝马迹可寻的。原来，在连震东由日本学成返乡之际，以家学渊源，颇有意于服务报界，而当时林献堂也极有意思聘请这位年轻有为的后辈入《台湾民报》做记者。这个消息引起该报社某些干部以及老记者的嫉妒和恐慌。因为震东学有专长，中、日文俱佳，且是名门出身，有人生怕相形见绌，所以极力阻挠。遂有好事者假雅堂之名，撰此文投稿于《台湾日日新报》，以图阻碍震东进入该报社。

其实，前此，雅堂也曾经撰文讨论过鸦片烟的问题，态度一向积极公正。例如当他民国元年至杭州时，闻禁烟甚严，犯者处死，所以无人敢抽烟，便批评道："阿芙蓉流毒久矣，而毅然刷涤，则浙人之福也。"后来在编撰《台湾诗乘》的时候，也在卷三里提及："阿片烟传入台湾始于荷兰之时，甚后滋盛。道光十年诏禁各省种卖，从闽浙总督孙尔准之奏也。十九年复禁，遂与英人开战，而立江宁之约，至今为害。台人谓吸烟者为'乌烟鬼'，以其与鬼为伍也。"而被人冒名刊登此文章，所以未反驳辩解，原因之一，是那些话虽是恶意的渲染夸张之辞，却也的确源自于自己一时友朋间的谈笑，其二，则已略知此是背后有人想要阻止震东进入报社。这种事情虽是委屈冤枉，但如果撰文笔战起来，怕是只有愈说愈不清楚；况自己年纪已大，而震东方出道，他不愿因自己树大招风，反而害了儿子的前途，于是只得默默忍气吞声。震东体念父亲的用心，一半是为了自己而受气，不禁悲痛盈胸。不过，他却因而暗自下决心，将来一定要勤奋努力，好自为之，为慈父争一口气，这样才不致辜负他老人家的心意。

《台湾民报》方面，既然因那篇文章而闹得满城风雨，林献堂也就不便聘请连震东入社。后来，震东改入了"昭和新报社"为记者。儿子能继承衣钵，雅堂对他寄予很大的希望，自己半生为报人，所写所做，一向都是仗义执言，他所期许于震东的，也是这一原则。

书局停办以后，雅堂的兴趣便转移到古代中国历史和社会方面的研究；不过，他仍不能忘怀自己所立足的土地。当时日本人厉禁汉文，且不许学生使用闽南语。雅堂为保存闽南语，遂又贾其余勇，作有系统的分析。举凡闽南语，无不旁征博引，穷其来源，开始编纂《台湾语典》。其实，他这个计划是肇始于民国十九年（一九三〇）夏天。那时，原任职于"雅堂书局"的张维贤，于赴日研究戏剧二年后返台，在台北成立"民烽演剧研究所"，公开招生授课，请连雅堂讲授"台湾语研究"。半年后，这个研究所因为中途退学者甚多而不得不中止。不久，台南《三六九小报三日刊》发行，发行人与编辑多属雅堂之友人或门生，便邀请他为该报撰写"台湾语讲座"专栏。这个专栏，通常每号刊载三五条，态度却十分严肃，于一年后，编成了《台湾语典》四卷。关于《台湾语典》撰著的动机与目的，连雅堂在自序里说得很明白：

> 余台湾人也，能操台湾之语而不能书闽南语之字，且不能明闽南语之义，余深自愧。夫台湾之语，传自漳、泉；而漳、泉之语，传自中国。其源既远、其流又长，张皇幽渺，坠绪微茫，岂真南蛮缺舌之音而不可以调宫商也哉！余以治事之暇，细为研求，乃知台湾之语高尚优雅，有非庸俗之所能知，且有出于周、秦之际，又非今日儒者之所能明，余深自喜。……台湾之语既出自中国，而有为中国人今日所无者，苟非研求文字学，音韵学，方言学，则不得以得其真。……余惧夫台湾之语日就消灭，民族精神因之萎靡，则余之责乃娄大矣。

十二 青山青史各千年

关于闽南语，雅堂不仅以治事之暇，细为研究，并且也曾试图以实际行动，将研究结果表现出来。《孟子》齐人有一妻（大某）一妾（细姨）的故事，雅堂以古音、古义及方言译成闽南语，颇为生动有趣。他在《三六九小报》所发表的，除了这个有关台湾的专栏，另外还陆续续写过一些台湾考古方面的文章，例如"古瓶"、"唐碑"、"宋钱"、"红石"、"海吼"、"纪大肚刀"等篇。

与《台湾语典》约莫同时出版的《雅言》，也是有鉴于日本政府对台湾"日化"渐厉，华文渐形式微。雅堂戚然以惧，思汉情浓，而所撰写的与台湾语言、文字、俚俗相关的短文。连载于《三六九小报》百号、三百则。其专栏称为"雅言"，字数多寡不一，短者数十，长可百余。除了长短不一，前后并不关联，却可见撰者博学多识之一端：

比年以来，我台湾人士辄唱乡土文学，且有台湾语改造之议；此余平素之计划也。顾言之似易而行之实难，何也？能言者未必能行，能行者又不肯行；此台湾文学所以日趋萎靡也。夫欲提唱乡土文学，必先整理乡土语言。而整理之事，千头万绪；如何着手，如何搜罗，如何决定？非有淹博之学问，精密之心思，副之以坚毅之气力，与之以优游之岁月，未有以不半途而废者也。余，台湾人也；既知其难，而不敢以为难。故自归里以后，撰述《台湾语典》，闭户潜修，孜孜矻矻。为台湾计，为台湾前途计，余之责任不得不从事于此。此书苟成，传之世上，不特可以保存台湾语，而于乡土文学亦不无少补也。（一）

海通以还，外货输入，每冠以"番仔"二字，如"番仔衫"、"番仔饼"之属；所以别内外也。而台中呼肥皂为"番仔苔粫"；唯台南称曰"雪文"，译其音且译其义。雪，洒也；《庄子》："澡雪而精神。"文，文理也，又为文采。是一译名，音义俱备，可谓达而雅矣。（二〇二）

《洛阳伽蓝记》谓："昭仪寺有酒树面木。"按酒树即为椰树，浆可为酒，亦可生饮；而面木即为桄榔，以其皮中有屑如面，可造饼食。唐段公路《北户余》谓："桄榔心为炙，滋腴极美。"桄榔，台南多有，未有食者；为椰酒则尝饮耳。（二〇七）

民国二十年（一九三一）年春，雅堂倦居台北，便与妻子返回故里台南。从此，更潜心著述，不再与台北朋友来往，准备过一段充实而安静的生活。讵料故乡人士的热情却不让这位五十四岁的老人遂其心愿。《台南新报》的社长固请雅堂再出来主持该报的诗坛。这个报社，是他三十三年前初入报界时第一个服务的地方，游历大陆回来后，也曾再度任职短期，在感情上来说，有一种剪不断的联系关系；何况，现在这个职务也还算轻松，遂复出为报人。也由于这个缘故，他的周遭又经常有一些诗人唱酬。原先拟定的平静生活无法实现，却也增添了友朋欢谈的欣慰。不过，这样的生活，终非自己最大的愿望，尤其每一念及仍在台北报社工作的儿子，雅堂心里便有一份遗憾与不甘。一个血气方刚的青年，难道就让他默默忍气吞声在这个殖民地的岛上生活下去吗？他考虑再三，决心让震东放弃不错的工作，破釜沉舟，远渡大陆。只是，自己眼前还有一些未完成的工作，不能陪

十二 青山青史各千年

同他前往，只好麻烦情同手足的朋友张继代为安排照拂。于是，他怀着坚决而悲壮的心情，修成一函：

溥泉先生执事：申江一晤，怅惘而归，隔海遥远，久缺笺候。今者南北统一，偃武修文，党国前途，发扬蹈厉。属在下风，能不欣慰！儿子震东毕业东京庆应大学经济科，现在台湾从事报务。弟以宗邦建设，新政施行，命赴首都，奔投门下。如蒙大义，矜此孑遗，俾得凭依，以供使令，帱载之德，感且不朽！且弟仅此子，雅不欲其永居异域，长为化外之人，是以托诸左右。昔子胥在吴，寄子齐国；鲁连蹈海，义不帝秦；况以轩黄之华胄；而为他族之贱奴，泣血椎心，其何能恝？所幸国光远被，惠及海隅，弃地遗民，亦沾雨露，则此有生之年，犹有复旦之日也。钟山在望，淮水长流，敢布寸衷，伏维亮察！顺颂任祺不备

愚弟连横顿首　四月十日

他告诉震东："要求台湾的光复，就须先建设祖国。我自己为了保存台湾文献，暂时还不能离开，不得不忍耐在此居住。你现在已经大学毕业，学有所成，而且也认得国文，应该回祖国效命才是。我将跟你阿母随后过去。你好自为之，保重身体！"就这样，连震东带了父亲给张继的一封手书，乘船赴大陆投奔父亲的故友。张继展信读之，为那大义凛然的文字深深感动。他把震东看作亲子一般，让他在自己身边；教他熟习国语，后来又带他到北平去。

儿子走了；长女已出阁，随夫迁居上海，三女仍在淡水寄读女子高等学校。连雅堂夫妇孤单地住在故里，一家团聚的情况竟忽忽已成

过去，遥望祖国，海天远隔，台湾什么时候才能光复？自己垂垂老矣，而帝国主义的豺狼虎豹触目皆是，也许只有用这份报务来做精神上最大的寄托。初抵大陆的震东居址尚未固定，所以儿子的信，多由住上海的长女夏甸转寄。雅堂寄子女的书信，都以毛笔楷书一笔一画工整地书写在"三六九小报原稿用纸"上，字里行间爱护子女之亲情自然流露着：

震东知悉：顷得汝书，甚慰！《说文通声定训》尚未收到，《恤言录》为杭州出版，将来归南之后，可于首都求之。余自旅里以来，起居安适，唯天气炎热，每日在九十度以上，未堪著作；秋凉之时，拟理旧稿，以备刊全集。

家中安善，汝母健康。汝妹将回学校，再经二学期，便可毕业，能否赴沪留学，明春乃可决定。

中国国史尚未编修，余拟寓书于子民先生，请其开办，此事如得成就，则余毕生之志愿，又多一绝业矣。汝在旅寓，事事注意，务须勤俭；暇时可多读史书，研求国文、英文。

父谕　八月廿二日
《家书》五

震东知悉：顷得汝书，甚慰！月樵先生与余为文章道义之交，汝与炎秋同居，极为适宜。汝此时须多读中国史书，为他日之用。汝姊近有书来，谓平居无事，学习诗文，且读《曾文正家书》，深有所得，并言欲汝读之。汝妹此期毕业，不日可归，当教以国文。台湾经济日困，物价甚廉勉强维持，以待机会。家中安善，汝母康宁，汝须保重。溥泉先生回平，必能为汝设法也。

父谕
三月十五日《家书》二九

伊阙照片四张，本早邮到。观其造像，已历千载，而弘丽完美，莫与比伦，诚国宝也。归国之后，如有机缘，当一往游；并赴云冈，以览世界最古最大之文化艺术，方足以开眼界也。洛阳仍食麦否？羊肉美否？鸡子贱否？冬际坚冰，有银鱼否？汝之身体健且肥否？如有周代铜器可以插花者，搜罗一二，以为家中之用，然须有铭志者为佳。

父谕
一月十四日《家书》六十

这时，夏甸从上海频频致函，催促年老的父母亲来聚。她知道双亲精神上的生活上的寂寞。她的丈夫林伯奏在上海有不少的房产，她和伯奏决定为父母留下一幢房子，供他们住用，以便就近照顾；何况，经过两次小产后，如今她又身怀六甲，很需要母亲的陪伴和照料。后面这个理由，终于打动了雅堂夫妇的心。匆匆整理《剑花室文集》和已撰写的《台湾语典》及《雅言》，他便决计要偿遂终老祖国之愿。秋汉也已自高女毕业，因此可以随行。

此行，或许不可能再返回台湾来了，所以他请三哥连德裕陪同到双亲的坟地祭祀告别。又与德裕殷殷话别至深夜。临行，作两诗留别故乡诸友：

养病家山岁又新，扁舟复作远游人。

梦魂长绕东宁月,诗境还探北固春。

郁郁久居情未忍,恹恹将老志求伸。

海邦此去方多事,莫遣音书断羽鳞。(《归乡养病,忽忽二年,复有金陵之行,留别台南诸友》)

刻烛传觞尽此宵,平明准看海门潮。

春风梅柳当前秀,故国云山入梦遥。

苏武居胡仍仗节,伍员复楚且吹箫。

人生聚散何须念,回首枌榆感寂寥。(《席上》)

这一生离开台南已不知多少次,然而,此次应该是不同于过去,他自己心里明白。"人生聚散何须念",这是强作潇洒语,毕竟难禁老泪纵横!

于是,一家三人乘船内渡。舟中又作二诗:

饮马长城在此行,男儿端不为功名。

十年宿志偿非易,九世深仇报岂轻。

北望旌旗诛肃慎,南归俎豆祭延平。

中原尚有风云气,一上舵楼大海横。(《此行》)

卅载蹉跎历险艰,片帆今日去台湾。

春潮浩荡南溟大,夜色苍茫北斗寒。

志士不忘在沟壑,男儿何必恋家山。

他时击楫归来后,痛饮高歌七岛间。(《舟中夜望》)

这是民国二十二年（一九三三）春天的事情，正是"九一八事变"发生的第二年。

船泊上码头时，只有女婿林伯奏一个人来迎接，因为夏甸已是大腹便便不利于行动，震东则已随张继在西安为政府服务，一时无法赶来。

上海江湾路"公园坊"八号，是连雅堂夫妇与秋汉的居所。"公园坊"里共有三十三幢这种小巧的二层楼洋房，分三排毗连，那是林伯奏房产的一部分；其余三十二间都出租予人。夏甸夫妇并没有住在"公园坊"里，不过，隔着一片草地，只消步行五分钟便可到他们那幢有宽大院子的精致洋房，所以夏甸每天早晚都散步过草地，来探望双亲和妹妹。

未几，震东也请假来沪省亲。一家五口，已经十多年没有这样共处一室了。骨肉相聚，悲喜交感。儿女都长大成人了。可是双亲呢？父亲原本清癯的身子，如今更形单薄了；背有些驼，是因为多年读书写作的缘故吧？讲话声音也没有从前那么宏亮，并且不时咳嗽咯痰。母亲倒是还能够站得挺直，只是往昔那一张美丽的面庞上已添加了许多皱纹，由于牙齿脱落，面颊消瘦，使得一双眼睛看起来更为深陷。不过，她那斑白的头发仍旧丰多，依旧梳理得极为光亮服贴。耳环的珠子也依然随着举止颤动，这是子女三人所最熟悉的印象，这一点是没有改变的。

"公园坊"在闸北，隔着一条窄窄的铁轨，马路对面便是宽敞的"虹口公园"。环境整洁而安静，正是养老的好地方。震东返回西安工作后，雅堂又展开书籍和稿纸，开始继续闽南语的研究写作。如今，他五十六岁，健康情形大不如前，却不肯一刻放弃工作，筱云劝不过丈夫，便叫夏甸和秋汉两姊妹轮流规劝父亲，但是回答总是一句话："阿爸是劳碌命，闲不住的呀！"

这一年的秋天，夏甸安产一女——长女生的长女。初次做外公、外婆的雅堂夫妇兴奋异常。身子硬朗时，雅堂会由秋汉陪伴着，走过来探望这外孙女儿。他那挥毫如舞剑的手，逗弄起婴儿来，可有些笨拙；看得初为人母的夏甸提心吊胆，又不便扫了老人家的兴致，只得伺机叫女佣抱去哄睡。外婆裹着小脚，如今已是六十二岁的老妇人了，不敢走那一段路过来，便也常常差人抱了这女婴过去。"哎呀，跟阿女小时候一模一样啊。一个模子刻出来也似的！"她每次总要这样说。"是啦，阿姊像您，她的女儿又像她。你们可都乐了！"秋汉虽然已经有了男朋友，正在恋爱中，在家依然是最会撒娇的么女儿。

次年，震东与沈阳籍的赵兰坤在北平结婚。他们是震东随张继去北平时，于当时住在北平的鹿港人洪炎秋家里结识的。炎秋的父亲，与雅堂为旧识，亦为爱国爱乡者。台湾沦日后，更名为繻，易字为弃生。闭门不出，潜心著作，其作品常刊登于《台湾诗荟》。洪、连两家为世交，炎秋亦受父亲鼓励而赴大陆，毕业于北京大学。兰坤是炎秋夫人的同乡同学，毕业于燕京大学，其后，震东赴西安工作，二人鱼雁往来，情愫渐深，终于征得双方家长同意而结为夫妻。他们婚后即来沪，媳妇拜见翁姑。兰坤是沈阳人。有北方人高挑的身材，白皙的皮肤和直爽的性格。她虽然不会说台湾话，由震东居间翻译，却也能传达感情。学教育的兰坤，举动间流露出知性的稳妥，十分赢得雅堂和筱云的欢心。由于震东的工作关系，新人不容多溜滞，停留数日便双双去西安。台南人娶东北人，宁非"千里姻缘一线牵"！谁料

十二 青山青史各千年

想得到呢？可是，说来奇怪，连雅堂在震东年少时便曾经为他批过八字，说过："这孩子的媳妇儿是东北方向的人。"是巧合吗？还是真的算命灵验呢？从小，子女们都在背后管他们的父亲叫做"未卜先知者"；筱云则自新婚之夜便坚信她的丈夫是"玉猿"的化身呢。而奇怪的是，雅堂晚年的举止倒有时候真的像极了玉猿。尤其夏天里，他喜欢穿一袭白色的棉纱中式衣裤。独个儿盘坐在藤椅上，一手抱着拱起的腿，一手剥花生米吃。他脸孔窄窄的，眯起眼睛满意地咬啮着花生，手指还不时去抓鼻子。那才真有趣哩。

震东与兰坤回到西安后，不时以双亲为念，每信必恳切邀请一游关中。雅堂和筱云都是喜欢游历的人，虽然两个人年纪都大了，可是，一来儿子频频催邀，二来也无甚要事羁绊，春天里气候宜人，而身子也觉得十分硬朗，便决心相偕旅行兼探望新婚夫妇的生活情形。

没想到不出门则已，一出门，那游兴竟不减当年。终南之下，渭水之滨，足迹几遍。他们所游览凭吊的古迹有：长安城、文王陵、武王陵、成王陵、周公陵、骊山秦始皇陵、茂陵、李夫人冢、魏青墓、霍光墓、霍去病墓、公孙弘墓、董仲舒墓、昆明池旧址、昭陵六骏、慈恩寺、华清温泉、太液池、杜甫故宅及祠堂、曲江、兴教寺（有玄奘法师塔）、灞桥、碑林及革命公园等。不仅游兴不减当年，所到之处，颇有吟咏。下面列举数首：

汉唐旧迹已无城，虎视龙兴几战争。试上钟楼南北望，秦山渭水拥西京。（《关中纪游诗》今长安城建于明代，仅有庙城九分之一，钟楼在城之中央，形势雄伟。）

美人终不易江山，倾国倾城岂等闲。太液芙蓉未央柳，仅留诗句在人间。（太液池已淤，未央宫故址尚存。美人黄土渺不可见，千古多情，人应为一哭。）

曲江春水久停流，锦缆牙樯何处求？宫殿已芜花木尽，行人犹说曲江头。（曲江为唐诗名胜，今已淤废，读老杜哀江头一诗，为之凄怆。）

古柏森森夹泮池，堂梨落尽日长时。先生饭后无他事，独向碑林读古碑。（碑林在长安孔庙之后，内藏汉、唐、宋、明碑碣甚多。又有唐咸通石刻十三经，尤为瑰宝。）

如此亦诗亦注的《关中纪游》之诗有二十余首。

同样是史家看史迹的诗篇，然而与二十年前的《大陆诗草》诸篇相较，显然已删除了往日的锋芒，平淡之中见苍劲，悲天悯人的胸襟，取代了当年的浓烈之情绪。至于末引一首读碑林之诗，表面看似闲情访古悠游之篇，然而"先生饭后无他事"句中，实含著作者不为人所知的苦衷。这可由《雅堂先生家书》手谕中得悉。当初，忍别离之苦，令独子震东远赴大陆，固然是"雅不欲其永居异域，长为化外之人"，而雅堂自己则由于尚有一些撰述之作未完，且有三女秋汉仍在求学中，所以不便辄言迁移。其后，秋汉毕业自高级女子中学，而自己的《通史》、《诗乘》已完成，《语典》和《雅言》也已大体有了眉目，故而下决心移家大陆。不过，连雅堂携眷内渡，并不是为了想养老过闲适的生活。不，他的一生从来也没有想到要过闲适的生活;他始终是积极有所作为的。青年时期以来,所言、所写、所为皆如此,而《台湾通史》等种种书籍的著述便是他作为台湾人的爱乡的最具体的表现。《通史》终于乙未割让,是由于身在殖民地,日本政府的文网周密,不无投鼠忌器之虞。离开了台湾,他想要把乙未以后之历史补足。在《与徐旭生书》中,雅堂说:"更欲撰就续篇,记载乙未以来三十余年之事,昭示国人,藉资殷鉴。"而且连雅堂不仅以台湾人写台湾的历史、文学、语言、习俗,表现其爱乡之心;他向来也想以中国人之身,参与中国的历史、文化工作以表现其爱国之志。这可从二十年前游大陆,在北京应清史馆馆长赵尔巽聘为"名誉协修"入馆供事,曾上书于清史馆,力言清史应增《拓殖志》,记华侨拓殖各地的情形,并自荐任纂辑其志之责:"……修史固难,而修拓殖志则尤难。……华侨联合会创立之岁,多士最于沪上,提议纂修,佥有同志,期月之间,惠书盈箧,而奔走风尘,未遑笔削。私心耿耿,寝馈不忘。今史馆既开,征文考献,以横不肖忝侍诸贤,何敢不贡其诚以扬国家之休命?如蒙俞允,命辑斯志,伸纸吮毫,当有可观。岂唯史氏之责,民族之兴,实式凭之。敬布鄙怀,诸维亮鉴。"此事,当时因母亲和妻子驰书促归台而未成。至于在前后的家书中,于对震东的关怀、勉励之外,又每常见其及对于国事的关切。

又前命汝调查国史馆尚在否?现归何部所管?若已废止,余拟上书于大学院,请其再设。将来如得归国编修国史,尤为余之大望。汝可查复。

《家书》八

中国国史尚未编修，余撰寓书于子民先生，请其开办。此事如得成就，则余毕生之志愿，又多一绝业矣。

《家书》九

余前以国史馆之事寓书于蔡子民先生。嗣得先生复书，谓已介绍于教育部李部长。此东事未发之前数日也；其后先生赴粤，奔走国事，暂为观望。近日忽接李书华部长来书，谓国史馆开办之时，当特为介绍，是修史之事不无希望。时局稍平或能开办，汝可留意报纸，俟有机会，当与之接洽也。

《家书》一八

我家自遭倭人占据三十余年，奔走流离，靡有定处，今已归国，到处可居，而上海断不可住，以其风化甚坏，而费用又巨也。满人入关后，吴中顾亭林先生卜居华下，以坚苦卓厉之风，策励学者，是时关中大儒如李天清、傅青主诸先生均与往来，讨论文史，以振士气，今溥泉先生等设华下学院，则其地也，未稔尚有遗址否？我家移居长安如能再做些事，以保存文化，而光大之，亦足以报效祖国。溥泉先生如来上海，当见之。汝可以此意，先为陈谦。

《家书》八七

今所见八十余封家书，发信时间自民国二十年（一九三一）至二十二年（一九三三）前后两年余，发信之地址则从台南，而台北，而上海。雅堂在简短的信里，除殷殷期望独子震东的起居事业之外，也总不忘记嘱其代为问候张继，并表达他自己仍望得任文史工作报效

十二 青山青史各千年

祖国的意愿。可惜，当时张继、蔡元培等人南北奔走于国事，国史馆也暂时延隔。诗句"先生饭后无他事，独向碑林读古碑"，对于"老骥伏枥，志在千里"的连雅堂而言，其间其实是含着遗憾与无奈的。

抵达西安，与儿媳欢聚一堂，重叙天伦之乐。至于张继，适因其妻病，赴北探视，而未能相见。

雅堂夫妇原打算在西安小住一段时间。可是由于关中地势高亢，夏令酷热，两个老人都不能适应这种气候，便只有提前返回上海。震东见父母老迈，他以独子之身份，觉得理当随伺二老左右，便上书张继，恳辞西京筹备委员会的职务。张继挽留，并且致书于雅堂，其中说道："令郎四年长安相处甚好，何竟言去耶？渠所陈者多客气汇语，更使下怀不安。吾辈精神之交，可谓无间，望便中略示一二！终南以下，有避暑之处，并嘱龚君寻之！"上司如此固留，实在也未便坚持求去。震东只得送父母到车站。又一度站台上伫立，他心中有异样的感觉！

返归上海后，雅堂夫妇仍借住于夏甸家，但因为父母年纪大，身体也渐渐衰弱，夏甸希望他们住得近些；再者，秋汉与黄绮堂已定于秋天完婚后迁居南京，两位老人家住在"公园坊"的房子稍嫌太大，便让他们住到自己房子隔壁弄堂里八幢房子中的第一间——这八幢房产也是夏甸丈夫林伯奏所有，但比"公园坊"的房子更为精巧，专租给小家庭或单身者。如此，两所房子之间，只需隔一条弄堂，走后门的话，不到十步路程便可到，更易于朝夕照料双亲。

秋汉结婚了。虽云"女大不中留"，这个幺女儿嫁后，两个老人更觉得寂寞了。所幸夏甸十分孝顺，又住隔壁，天天可以见面。而那外孙女已三岁，步伐渐稳，也颇会说话。由于夏甸又怀孕，不堪这个顽皮的小女孩吵扰，便常让女佣带去外公家玩。雅堂精神佳时最喜欢牵着这个外孙女去"虹口公园"散步。这个公园就在江湾路五百四十号伯奏和夏甸家的斜对面。那里的草坪很整齐，空气新鲜，而又不必担心车辆；不过，年纪大的人总是比较小心，对于这个小女孩，雅堂简直是溺爱她，纵容她。小孩一见草坪便蹦蹦跳跳，外祖父怕她不小心摔跤，所以忍不住要去拉住她。但祖父很高，孙女太小，所以只得尽量弯下腰来迁就她。"阿公，这是什么？""阿公，为什么这样呢？"那小女孩又出奇地好问。"阿熊呀，不要跑得那么快，阿公赶不上啦。""小心哟，阿熊。"阿熊，那是雅堂对这个外孙女儿的昵称。他喜欢给疼爱的女娃儿取的昵称，一如当年给这外孙女的母亲取"阿女"那个称呼一般。看着碎步跑在前面的这个女娃儿，他不禁有些感伤起来。三十余年了，时光真是流转得这样快吗……

西安归来后，雅堂的健康情形更不如以前。他时时乏力，无法起床。原本苍白的肌肤，如今更泛着枯黄的颜色。夏甸已产下次女，她顾不得自己产后的身子需要保养，便与伯奏四处奔走，延请上海市内著称的中、西名医来为父亲诊治。然而，药石也不见效果。从春天起，时好时坏的病情，在入夏之后愈形严重。他患的是肝癌。

震东接到长姊的快信后，连忙从西安赶来伺候。他的妻子兰坤则因怀孕，且在中学任教，所以未能同来。

癌症一点一点地侵蚀着老父。儿女们恨不能削减自己的年寿来挽留慈父的生命。然而，他们所能做到的，只是恳求医师用吗啡来减轻病人的痛苦而已。秋汉的女儿也尚在襁褓中，她把女儿交给保姆照顾，也赶来探视父亲。见到父亲痛苦呻吟，她忍不住地哭泣起来。"秋汉，你不要哭。你哭了，阿爸更难过。阿母也更心疼！"震东责

十二 青山青史各千年

备比他小六岁的妹妹，但他自己的眼眶也是红肿的。

疼痛减轻时，雅堂的神志倒是还很清楚。

"震东啊，你看日本人这样子嚣张，看来中、日终免不了要一战的；这一战，关系着台湾的前途，你要好好为祖国效劳才是。"

"告诉兰坤，她肚子里的孩子，将来生下来若是男的，就叫他做'连战'，连战，寓意自强不息。并且有克敌制胜，光复故国，重整家园的希望。中、日终究要一仗的啊！这一仗便可以让台湾光复，那我死也瞑目了！"

他环视房间里，妻子和三个儿女都在身边，觉得十分欣慰。

"来，你们三个孩子都靠过来。阿爸大概不行了，你们也不用难过。把我火化了……将来，有一天台湾光复，就把阿爸的骨灰带回去，埋在家乡的泥土里……阿爸一辈子南北奔波，尽心著作；现在要走了，什么东西都没有留给你们……"

"不，阿爸您留给我们太多太多……"震东终究也忍不住，泣不成声了。

"震东，阿爸留下的一些诗文手稿，这些东西都交给你……日后有机会，你替我把它们印出来……"

"会的，您放心。我一定会好好保存，将来都替您印出来。您千万放心。"

"你们要好好孝顺你们的母亲……"

连雅堂在亲爱的家人环伺之下逝世。时间是民国二十五年（一九三六）六月二十八日午前八时，享年五十九岁。

是年八月，震东的儿子，出生于陕西省西安市。遵照先父遗志，取名为"战"。

是"未卜先知"吗？还是史学家理智的分析呢？雅堂逝世次年，中、日果真发生战争。

经过艰苦的八年抗战，日本无条件投降，而台湾也果真光复，重归祖国。

民国三十四年（一九四五）秋，连震东参加政府收复台湾的工作，携带着他先父的全部遗稿先行返台。次年春天，他的妻子赵兰坤，与儿子连战由重庆顺长江而下，来到上海，与夏甸及来自南京的秋汉家族，三家人共乘一船，回到了台湾。当时连战只有十岁，他胸前恭恭敬敬地捧着洁白的布包裹的木盒，那是安放他的祖父连雅堂灵骨的盒子。雅堂和他亲爱的家人实现了梦想——经过了婆娑之洋，抵达了美丽之岛，重又踏上自由芬芳的家乡的泥土。遗憾的是，他的妻子沈筱云在民国二十八年（一九三九）三月一日逝世于抗战时期的西安，土葬于长安县清凉寺，震东和兰坤母子行前都因仓促，未及奉迎她回来。

雅堂的遗骨暂时先奉存在他生前常去的观音山凌云寺中。一九五四年，家人在台北泰山乡修墓，让他安息于那风景优美的地方。泰山乡虽非西湖，然而青山常在，绿水长流。一代耆儒长眠于此，《台湾通史》这一部他生前呕心沥血的巨著，将使泰山乡畔倍增光芒。而雅堂生前"青山青史各千年"的愿望，也终于达成了。

雅堂先生与夫人

图书在版编目（CIP）数据

青山青史：连雅堂传 / 林文月著. — 北京：北京时代华文书局，2019.6
ISBN 978-7-5699-3012-2

Ⅰ. ①青… Ⅱ. ①林… Ⅲ. ①连横（1878-1936））—传记 Ⅳ. ①K825.81

中国版本图书馆 CIP 数据核字（2019）第 064222 号

北京市版权局著作权合同登记号 图字：01-2017-2832

本著作物简体版经成都天鸢文化传播有限公司代理，由有鹿文化事业有限公司授权中国大陆（不包括台湾、香港及其他海外地区）出版。
本书照片由拍摄者授权（姓名全衔由有鹿文化事业有限公司提供）

青 山 青 史 ： 连 雅 堂 传
QINGSHANQINGSHI : LIANYATANGZHUAN

编　　　者｜林文月
出 版 人｜王训海
选题策划｜高　磊
责任编辑｜邢　楠
装帧设计｜孙丽莉　段文辉
责任印制｜刘　银　范玉洁

出版发行｜北京时代华文书局 http://www.bjsdsj.com.cn
　　　　　北京市东城区安定门外大街 138 号皇城国际大厦 A 座 8 楼
　　　　　邮编：100011　电话：010-64267955　64267677
印　　刷｜北京盛通印刷股份有限公司　电话：010-52249888
　　　　　（如发现印装质量问题，请与印刷厂联系调换）

开　　本｜787mm×1092mm　1/16　印　张｜15　字　数｜180 千字
版　　次｜2019 年 6 月第 1 版　　　　印　次｜2019 年 6 月第 1 次印刷
书　　号｜ISBN 978-7-5699-3012-2
定　　价｜68.00 元

版权所有，侵权必究